Schenkung und Ausschlagung einer Erbschaft oder eines Vermächtnisses zum Vorteil eines Anderen im BGB.

Von

Dr. jur. Emil Stützel.

1911

Nürnberg und Leipzig

Verlag von U. E. Sebald

Druck von U. E. Sebald, Kgl. Bayer. Hofbuchdruckerei, Nürnberg

Inhalts-Verzeichnis.

Literatur-Nachweis.

Allgemeines bürgerliches Gesetzbuch für Oesterreich vom 1. Juni 1811.

Allgemeines Landrecht für die Preußischen Staaten vom 5. Februar 1794.

Andrée, Die Annahme der Erbschaft nach dem Bürgerlichen Gesetzbuch. Rostocker Inaugural-Dissertation. Rostock 1903.

Arnds, R. v. Arnesberg, Lehrbuch der Pandekten. 14. Auflage. Stuttgart 1889.

Baron, Pandekten. 8. Auflage. Leipzig 1893.

Beiträge zur Erläuterung des Deutschen Rechts. Begründet von Gruchot. Berlin.

Bekker, System des heutigen Pandektenrechts. Band II. Weimar 1889.

Binder, Die Rechtsstellung des Erben nach dem deutschen bürgerlichen Gesetzbuch. I. Teil. Leipzig 1901.

Blätter für das bayerische Finanzwesen, 17. Band, Jahrgang 1909, Nr. 3 und 4.

Brinz, Lehrbuch der Pandekten. Band IV. Erlangen und Leipzig 1892.

Bruck, Die Einigung im Sachenrechte des BGB. 1900.

Brückner, Vermächtniserwerb nach gemeinem Rechte und nach dem Bürgerlichen Gesetzbuche. Rostocker Inaugural-Dissertation. Berlin 1901.

Burckhard, Die Stellung der Schenkung im Rechtssystem. Würzburg 1891.

Burckhard, Zum Begriff der Schenkung. Erlangen 1899.

Bürgerliches Gesetzbuch für das Königreich Sachsen vom 2. Januar 1863.

Code civil des Français vom 21. März 1804.

Cordua, Der Vermächtniserwerb nach gemeinem Recht und bürgerlichem Gesetzbuch. Rostocker Inaugural-Dissertation. Rostock 1903.

Corpus iuris civilis Romani.

Cosack, Lehrbuch des deutschen bürgerlichen Rechts. Band I. 2. Auflage. Jena 1899.

Crome, System des deutschen bürgerlichen Rechts. Band I, II. Tübingen und Leipzig 1902.

Czyhlarz, Lehrbuch der Institutionen des Römischen Rechtes. 5. und 6. Auflage. Wien 1902.

Dernburg, Das bürgerliche Recht des deutschen Reiches und Preußens. Band II, 2. Abteilung und Band V. 1. und 2. Auflage. Halle a. S. 1901.

Dernburg, Pandekten. Band II. 6. Auflage. Berlin 1900.

Deutsche Juristen-Zeitung. Berlin.

Eccius, Einigung und dinglicher Vertrag im Sachenrechte. In Gruchot's Beiträgen, Band 47 (der ganzen Reihe), Berlin 1903.

Eccius, Bemerkungen zur Rechtsprechung des Kammergerichts in Grundbuchsachen. In der Deutschen Juristenzeitung, Jahrgang 1902.

Eck, Die Stellung des Erben, dessen Rechte und Verpflichtungen in dem Entwurfe eines bürgerlichen Gesetzbuches für das deutsche Reich. Berlin 1890. In den Beiträgen zur Erläuterung und Beurteilung des Entwurfes eines bürgerlichen Gesetzbuches für das deutsche Reich. Herausgegeben von Becker und Fischer, Berlin. 11.—18. Heft.

Endemann, Lehrbuch des bürgerlichen Rechts. Band I und III. 6. Auflage. Berlin 1899.

Engelmann, Das bürgerliche Recht Deutschlands. 4. Auflage. Berlin 1906.

Enneccerus, Lehrbuch des bürgerlichen Rechts. Band I. 3. Auflage. Marburg 1908.

Entscheidungen des Reichsgerichts in Zivilsachen.

Entwurf eines bürgerlichen Gesetzbuches für das Deutsche Reich. 1. Lesung. (Sog. I. Entwurf.) Amtliche Ausgabe. Berlin und Leipzig 1888.

Entwurf eines Gesetzes betr. Änderungen der Konkursordnung. Mit amtlicher Begründung hierzu. Enthalten in den Reichstagsdrucksachen. 9. Legislaturperiode 1897/98.

Entwurf eines bürgerlichen Gesetzbuchs für das Großherzogtum Hessen. Darmstadt 1842—1853 (4 Abteilungen).

Entwurf eines bürgerlichen Gesetzbuches für das Königreich Bayern. München 1861.

Entwurf eines für die deutschen Bundesstaaten gemeinsamen Gesetzes über Schuldverhältnisse. (Sog. Dresdener Entwurf.) Dresden 1866.

Fischer-Henle, Kommentar zum bürgerlichen Gesetzbuch (Handausgabe). 7. Auflage. München 1906.

Hachenburg, Das bürgerliche Gesetzbuch für das deutsche Reich. 2. Auflage. Mannheim 1900.

Hellwig, Lehrbuch des deutschen Zivilprozeßrechts. Leipzig 1903. Band I.

Hoffmann (Dr. Albrecht Rudolf), Das Reichserbschaftssteuergesetz vom 3. Juni 1906. Erläutert. Leipzig 1907.

Jacobsen, Die Erbausschlagung des bürgerlichen Gesetzbuches im Vergleich mit dem ius abstinendi des gemeinen Rechts. Rostocker Inaugural-Dissertation, Hamburg 1903.

Jacubezky, Bemerkungen zu dem Entwurfe eines bürgerlichen Gesetzbuchs. München 1892.

Juristische Wochenschrift. Berlin.

Kuhlenbeck, Handkommentar des deutschen Anwaltsvereins zum bürgerlichen Gesetzbuch. Bd. I. 2. Auflage. Berlin 1903.

Landrecht für das Großherzogtum Baden vom 3. Februar 1809.

Meyerfeld, Die Lehre von den Schenkungen nach römischem Recht. Band I. Marburg 1835.

Motive zu dem Entwurfe eines BGB. für das deutsche Reich. Amtliche Ausgabe Berlin 1896.

Müller, Wie verhält sich Verzicht zur Schenkung? Erlanger Inaugural-Dissertation. Köln 1899.

Müller-Meikel, Das bürgerliche Recht des deutschen Reichs. Band I. 2. Auflage. München 1904.

Neumann, Zur Lehre von dem Verpflichtungsgrunde. In Gruchot's Beiträgen, Band 45. Berlin 1901.

Oertmann, Das Recht der Schuldverhältnisse. 2. Auflage. Berlin 1906.

Planck, Bürgerliches Gesetzbuch nebst Einführungsgesetz. VII Bände. 3. Auflage. Berlin 1907.

Protokolle der Kommission für die 2. Lesung des Entwurfs des Bürgerlichen Gesetzbuchs.

Puchta, Pandekten. 2. Auflage. Leipzig 1844.

Puchta, System des gemeinen Zivilrechts. München 1832.

Putzler, Zur Anwendung der §§ 517, 518 und 780 des BGB. In der Jurist. Wochenschrift, Jahrgang 1901.

Randa, Erbschaftserwerb. Revidierter Abdruck hiervon in den Verhandlungen des Dreizehnten deutschen Juristentages, Band I Berlin 1876.

Reatz, Gutachten aus dem Anwaltstande; Auszug davon in der Zusammenstellung der gutachtlichen Äußerungen zu dem Entwurfe eines bürgerlichen Gesetzbuchs, Band II, §§ 437 ff. Berlin 1890.

Rechtsprechung der Oberlandesgerichte auf dem Gebiete des Zivilrechts. Leipzig.

Richter, Rechtliche Stellung des Erben vor Annahme der Erbschaft nach dem deutschen bürgerlichen Gesetzbuche. Leipziger Inaugural-Dissertation. Borna-Leipzig. 1903.

Salkowski, Institutionen. 7. Auflage. Leipzig 1898.

Savigny, System des heutigen römischen Rechts. Band IV. Berlin 1841.

Seuffert's Archiv für Entscheidungen der obersten Gerichte in den deutschen Staaten. München und Berlin.

Seuffert, Praktisches Pandektenrecht. Band II. 4. Auflage. Würzburg 1867.

Sintenis, Das Practische Gemeine Civilrecht. Band I. 2. Auflage. Leipzig 1860.

Sohm, Institutionen. 11. Auflage. Leipzig 1903.

Staudinger, Kommentar zum bürgerlichen Gesetzbuch und dem Einführungsgesetze. VII Bände. 3. und 4. Auflage. München 1908.

Thibaut, System des Pandektenrechts. Band II. 7. Auflage. Jena 1828.

Vangerow, Lehrbuch der Pandekten. Band I. 7. Auflage. Marburg und Leipzig 1876.

Wächter, Pandekten. II. besonderer Teil. Leipzig 1881.

Wendt, Lehrbuch der Pandekten. Jena 1888.

Windscheid, Lehrbuch des Pandektenrechts. 8. Auflage, bearbeitet von Kipp. Band II. Frankfurt a. M. 1900.

§ 1.

Feststellung des Themas.

Nachstehender Versuch bringt eine prinzipielle Darstellung der Schenkung des BGB. einerseits und der zum Vorteil eines anderen erfolgenden Erbschafts- bezw. Vermächtnisausschlagung des BGB. andrerseits, mit dem Endzweck, die Schlußbestimmung des § 517 BGB. „Eine Schenkung liegt nicht vor, wenn jemand zum Vorteil eines anderen ..... eine Erbschaft oder ein Vermächtnis ausschlägt" — unter Würdigung sämtlicher bisheriger Rechtfertigungen — neuerdings als berechtigt nachzuweisen.

Man mag nun freilich gegen die Bezeichnung „Ausschlagung zum Vorteil eines anderen" einwerfen, die Worte des zitierten § 517 BGB. „zum Vorteil eines anderen" bezögen sich lediglich auf den ersten im § 517 genannten Tatbestand (Unterlassung eines Vermögenserwerbs), allenfalls auch auf den zweiten Tatbestand des Paragraphen (Verzicht auf angefallene, noch nicht endgültig erworbene Rechte), niemals aber auf die an letzter Stelle im § 517 aufgeführte Ausschlagung einer Erbschaft oder eines Vermächtnisses, da diese zum Vorteil eines anderen nicht erklärt werden könne.

Dieser Einwand ist nur insoweit richtig, als er betont, daß die Ausschlagung einer Erbschaft oder eines Vermächtnisses gemäß § 1947 bezw. § 2180 Abs. II BGB. nur unbedingt erklärt werden kann und daß eine bedingte Erbschafts- bezw. Vermächtnisausschlagung etwa in der Art, daß der Ausschlagende vor dem Nachlaßgericht bezw. gegenüber dem Beschwerten ausspricht, er schlage die Erbschaft bezw. das Vermächtnis ausschließlich zugunsten eines bestimmten Dritten aus, wolle aber allen anderen gegenüber, falls der begünstigte Dritte die Erbschaft bezw. das Vermächtnis nicht annehme, sein Recht auf die Erbschaft oder das Vermächtnis behalten, rechtlich unmöglich ist. Eine solche Ausschlagung ist, weil sie offensichtlich einen der Bestimmung der §§ 1947 und 2180 Abs. II BGB. zuwiderlaufenden rechtsgeschäftlichen Zusatz aufweist, vollständig wirkungslos.

Die zum Vorteil eines Dritten erfolgende Ausschlagung einer Erbschaft oder eines Vermächtnisses ist aber durchaus nicht immer, wie im vorstehenden Falle, eine bedingte Ausschlagung.

Vielmehr kann sich auch die unbedingte Ausschlagung in nach §§ 1947 und 2180 Abs. II rechtsgültiger Weise als eine zum Vorteil eines Dritten[1]) vorgenommene Ausschlagung in folgenden zwei Fällen darstellen:

1. Der Ausschlagende erklärt bei der Ausschlagung ganz allgemein und ohne damit zu dem Rechtsgeschäfte der Ausschlagung einen rechtsgeschäftlichen Zusatz in Gestalt einer Bedingung machen

---

1) Die Ausführungen dieser Schrift decken sich im wesentlichen mit der Darstellung Plancks in dessen Kommentar zum BGB., V. Bd. S. 57, Erl. 3 zu § 1947. Vgl. auch Binder, Die Rechtsstellung des Erben nach dem deutschen bürgerlichen Gesetzbuch, I. Teil, § 6, S. 128 und Dernburg, Das bürgerliche Recht des Deutschen Reichs und Preußens, V. Bd., § 146 S. 406, 407 und andere, insbes. Strohal, Das deutsche Erbrecht, II. Bd. § 61 a, S. 23.

Abweichend bemerkt Hoffmann in seinem Kommentar zum Reichs-Erbschaftssteuergesetz, Erl. D, Anm. 2 b zu § 1 des Gesetzes, S. 9, daß die ausdrücklich zugunsten eines Dritten erfolgende Ausschlagung einer Erbschaft, weil bedingt erfolgt, nach § 1947 BGB. nicht nur wirkungslos, sondern geradezu das Gegenteil der Ausschlagung sei, denn „die Ausschlagung der Erbschaft zugunsten eines Dritten ist als Annahme der Erbschaft unter gleichzeitiger Verfügung über die Erbschaft anzusehen, es sei denn, daß der Dritte infolge der Ausschlagung an und für sich zum Erben berufen sein würde".

Was schließlich die Bezeichnung „Ausschlagung zum Vorteil (oder zugunsten) eines Anderen" und die Bezeichnung „Ausschlagung zum Vorteil (zugunsten) eines Dritten" anbelangt, so wird in dieser Schrift nach dem Vorbild der meisten anderen Autoren zwischen diesen beiden Bezeichnungen kein Unterschied gemacht, vielmehr werden beide Bezeichnungen als Synonima abwechselnd verwendet. Sprachlich richtig dürfte allerdings, wenn man es genau nimmt, nur die Bezeichnung: Ausschlagung zum Vorteil (zugunsten) eines „Anderen" sein, da von einem „Dritten" bei der einseitigen Ausschlagung mangels eines „Zweiten" nicht wohl die Rede sein kann.

zu wollen, daß er die Erbschaft oder das Vermächtnis ausschlage, damit sie ein bestimmter Dritter erhalte. Die Erwartung des Anfalls der Erbschaft oder des Vermächtnisses an einen bestimmten Dritten ist also hier das Motiv, nicht eine Bedingung der Ausschlagung. In diesem Falle ist mit Planck, Binder, Dernburg u. a. zu urteilen, daß durch die ausdrückliche Beifügung eines solchen Motivs die Ausschlagung ihren unbedingten Charakter nicht verloren habe und rechtswirksam sei, trotzdem sie unläugbar subjektiv und — falls der Begünstigte zugleich der Nächstberechtigte im Sinne der §§ 1953 Abs. II und 2180 Abs. III BGB. ist — nach geschehenem Anfall an den Begünstigten auch objektiv zum Vorteil des begünstigten Dritten erfolgt ist.

2. Nur wenig anders liegt die Sache, wenn der Ausschlagende vor dem Nachlaßgericht bezw. gegenüber dem Beschwerten erklärt, die Erbschaft bezw. das Vermächtnis schlechthin „zugunsten des eventuell Berufenen" auszuschlagen; in diesem Falle ist in den der Ausschlagung beigefügten Begünstigungsworten nur die selbstverständliche rechtliche Folge der Ausschlagung besonders ausgedrückt (so Planck). Da diese Beifügung sonach als eigener rechtsgeschäftlicher Zusatz nicht erachtet werden kann, liegt auch hier eine unbedingte und gemäß §§ 1947 und 2180 Abs. II BGB. rechtswirksame Ausschlagung vor. Im Gegensatze zum vorhergehenden Falle erfolgt aber die Ausschlagung hier nur objektiv zum Vorteil des schließlichen Berechtigten, nicht wie oben auch subjektiv, da man hier nicht sagen kann, es sei die Ausschlagung nach dem Willen des Ausschlagenden gerade zugunsten eines ganz bestimmten Berechtigten erklärt worden.

Die solcherweise subjektiv, d. i. gewolltermaßen, oder objektiv, d. i. nicht notwendig gewolltermaßen, zum Vorteil eines Dritten vorgenommene Ausschlagung einer Erbschaft oder eines Vermächtnisses zeigt nun jedenfalls eine gewisse Ähnlichkeit mit dem Schenkungsakt der Zuwendung gemäß § 516 BGB. [2]).

2) Über den Schenkungsakt der Zuwendung nach § 516 BGB. und sein Verhältnis zu dem aus Zuwendung und Einigung sich zusammensetzenden Schenkungsvertrag des BGB. vgl. die Ausführungen in § 2 dieser Schrift.

Der § 517 BGB. hat denn auch die Konsequenz daraus gezogen und hat die beiden Begriffe der Schenkungszuwendung und der Ausschlagung in eine Parallele miteinander gebracht, allerdings nur, um sie sofort für immer zu trennen. Gleichwohl gibt aber das Vorbild des § 517 auch dieser Schrift das Recht, die Schenkung und die Ausschlagung gegeneinander abzugrenzen.

Für die eventuelle Bewertung der Ausschlagung als eines Schenkungsaktes wird es im folgenden — nachdem die heutige Schenkung des BGB. sich mit der nur objektiven Bereicherung des Beschenkten begnügt und den alten animus donandi (Bereicherungswille des Schenkers) nicht mehr voraussetzt[3]) — selbstverständlich völlig belanglos sein, ob die Erbschafts- oder Vermächtnisausschlagung nur objektiv oder auch subjektiv eine Begünstigung eines Dritten darstellt.

Letzten Endes lautet das Thema nachstehender Schrift sonach richtig: Schließt das BGB. mit Recht die objektiv (d. h. gewollter- oder nicht gewolltermaßen) zum Vorteil eines anderen erfolgte Erbschafts- bezw. Vermächtnisausschlagung von den Schenkungsakten des § 516 Abs. I aus?"

Zur Lösung dieser Frage wird es sich empfehlen, im folgenden zunächst den allgemeinen Schenkungsbegriff des BGB. eingehend zu behandeln und im Anschluß daran die Bedeutung und Berechtigung des § 517 im besonderen, mit Ausnahme der Berechtigung der Schlußvorschrift dieses Paragraphen, zu würdigen. In einem weiteren Abschnitt wird sodann die Geschichte und Bedeutung der Erbschafts- bezw. Vermächtnisausschlagung darzulegen sein, um auf diese Weise die notwendige Grundlage zu schaffen für die Behandlung des eigentlichen Gegenstandes dieser Schrift: der Rechtfertigung der Schlußbestimmung des § 517. Ein kurzes Schlußwort wird alsdann die Ergebnisse der Ausführungen zusammenfassen.

---

3) Vgl. eine Entscheidung des Reichsgerichts vom 29. Oktober 1903, abgedruckt in S e u f f e r t s Archiv, Bd. 59, Nr. 181, S. 321 ff.; ebenso Protokolle, Bd. II, S. 25; im übrigen s. die Ausführungen über den animus donandi und die Angabe weiterer Literatur auf S. 21 f. dieser Schrift.

§ 2.

Der Begriff der Schenkung im BGB.

Der allenfallsigen Bewertung der (objektiv) zum Vorteil eines anderen erfolgenden Ausschlagung einer Erbschaft oder eines Vermächtnisses als eines Schenkungsaktes hat die Darstellung des Schenkungsbegriffes des BGB. vorauszugehen.

I. Um diesen zu gewinnen, empfiehlt es sich, vor allem festzustellen, daß das heutige Bürgerliche Recht nicht mehr wie das Gemeine Recht zwischen einer Schenkung im weiteren Sinne und einer Schenkung im engeren Sinne unterscheidet, sondern lediglich den letzteren, engeren, Schenkungsbegriff übernommen hat.

Unter der Schenkung im weiteren Sinne des Gemeinen Rechtes verstanden die Pandekten nach Windscheid-Kipp[4]) jede nicht testamentarische Vermögenszuwendung, durch welche

a) das Vermögen des Empfängers vermehrt wird,

b) deren Bestimmungsgrund für den Zuwendenden die Absicht ist, das Vermögen des Empfängers zu vermehren, und

c) die von dem Empfänger als eine in dieser Absicht gemachte angenommen wird.

Im engeren Sinne war die Schenkung des Gemeinen Rechtes nach Windscheid-Kipp[5]) nur diejenige Vermögenszuwendung der bezeichneten Art, durch welche zugleich

d) das Vermögen des Zuwendenden in entsprechender Weise vermindert wird.

Dieser engeren Begriffsbestimmung der Schenkung, welche also nicht „jeden beliebigen Liberalitätsakt“ umfaßt, hat sich — wie erwähnt — das BGB. angeschlossen[6]). Es verlangt außer den übrigen Erfordernissen im § 516 Abs. I ausdrücklich, daß die Zuwendung des Schenkers an den Beschenkten aus dem Vermögen des ersteren erfolgen müsse, wenn eine Schenkung vorliegen solle.

---

4) Windscheid, Lehrbuch des Pandektenrechts, 8. Auflage, bearbeitet von Kipp, Frankfurt a. M. 1900, Bd. II, § 365, S. 505 ff.

5) A. a. O., § 365, S. 507 ff.

6) Protokolle Bd. II, S. 3.

Durch die Schenkung des BGB. muß demnach, um einen sinnfälligen Ausdruck der Motive[7]) zu gebrauchen, gleichzeitig nicht nur „der Begünstigte reicher, sondern auch der Zuwendende ärmer werden".

II. Die Schenkung des BGB. unterscheidet sich aber von der Schenkung des Gemeinen Rechtes nicht nur durch die bisher besprochene engere Abgrenzung des Schenkungsbegriffes. Eine noch weit einschneidendere Bedeutung für die Scheidung der gemeinrechtlichen und der neurechtlichen Schenkung kommt vielmehr der Tatsache zu, daß die Schenkung des BGB. ein obligatorischer Vertrag ist, während die Schenkung des Gemeinen Rechtes als solcher nur vereinzelt anerkannt war[8]).

Im Justinianischen Institutionensystem[9]) war die Schenkung in die Lehre vom Eigentum, unter die zivilen Eigentumserwerbsarten, eingereiht. Im Gemeinen Rechte blieb man meist bei dieser Auffassung, bis zu Anfang des 19. Jahrhunderts Heise[10]) in seinem „Grundriß eines Systems des gemeinen Zivilrechts" (Heidelberg 1823) und Thibaut[11]) in seinem „System des Pandektenrechts" (Jena 1803; 7. Aufl. 1828) die Schenkung als einen Obligationen begründenden Vertrag erklärten und in das Obligationenrecht einwiesen. Wichtige Gesetzbücher wie das Preußische Landrecht[12]) und das Österreichische Bürgerliche Gesetzbuch[13]) teilten

7) Motive Bd. II, S. 287, Bemerkungen zu §§ 437, 438 des I. Entwurfes.

8) Über die Stellung der Schenkung im Rechtssystem vgl. die dieses Thema behandelnde Schrift Burckhards, Würzburg, 1891; eine gedrängtere Übersicht hierüber bringen auch Windscheid a. a. O., Bd. II, § 365, Note 18 S. 511 und Dernburg, Das bürgerliche Recht, Bd. II, 2. Abteilung, § 205, Note 1, S. 116 ff., Oertmann, Das Recht der Schuldverhältnisse, Vorbem. 2 vor §§ 516 ff., S. 441 ff.

9) Corpus juris civilis, Institutiones Liber II Titulus VII de donationibus.

10) Heise a. a. O., Bd. III, § 207.

11) Thibaut a. a. O., Bd. II, §§ 901 ff. S. 305 ff. (7. Auflage, 1828).

12) Allgemeines Landrecht für die Preußischen Staaten vom 5. Februar 1794, I. Teil, 11. Titel, 9. Abschnitt.

13) Allgemeines bürgerliches Gesetzbuch für Österreich vom 1. Juni 1811, II. Teil, 2. Abteilung, 18. Hauptstück.

diesen Standpunkt und stellten die Schenkung gleichfalls unter die obligatorischen Verträge. Gegen die obligatorische Vertragsnatur der Schenkung sprachen sich aber alsbald mit Nachdruck Puchta[14]) in seinem „System des gemeinen Zivilrechts" (München 1832) und in seinem „Lehrbuch der Pandekten" (Leipzig 1838) sowie Savigny[15]) in seinem „System des heutigen Römischen Rechts" (Berlin 1841) dahin aus, daß sie sagten, die Schenkung sei überhaupt kein einzelnes Rechtsgeschäft wie der Kauf und der Tausch, sondern ein allgemeiner Charakter, welchen die allerverschiedensten Rechtsgeschäfte annehmen könnten. Deshalb stellten Puchta und Savigny die Schenkung in den allgemeinen Teil ihres Systems des Pandektenrechts. Das Beispiel namentlich Savignys bewirkte, daß nunmehr ein Menschenalter lang die herrschende Meinung aller Pandektisten die Schenkung im allgemeinen Teil des Systems aufführte. Es seien in diesem Zusammenhang als Anhänger der bezeichneten Richtung nur beispielsweise Sintenis[16]), Vangerow, Arndts, Wendt, Becker, Brinz, Baron, Burckhard genannt. Neben diesen vielen hatten die wenigen, welche dem Puchta-Savignyschen Schenkungsbegriff nicht

---

14) Puchta, System, 2. Buch, 3. Kap., § 35, S. 28 ff. und Puchta, Lehrbuch, §§ 68 ff. S. 95 (2. Ausgabe, Leipzig 1844). Nach Burckhard, Die Stellung der Schenkung im Rechtssystem, Würzburg 1891, S. 25, war übrigens nicht Puchta, sondern Burchardi derjenige, welcher erstmals die Schenkung im allgemeinen Teil des Systems dargestellt hat; siehe: Burchardis bereits 1823 erschienenes System des römischen Rechts.

15) Savigny a. a. O., Bd. IV, § 142 S. 3.

16) Sintenis, Das Praktische Gemeine Zivilrecht, Leipzig 1860, Bd. I, § 23 S. 199; Vangerow, Lehrbuch der Pandekten, 7. Auflage, Marburg und Leipzig, 1876, Bd. I, § 121, S. 177; Arndts R. v. Arnesberg, Lehrbuch der Pandekten, 14. Auflage, Stuttgart 1889, §§ 80 ff., Seite 132 ff.; Wendt, Lehrbuch der Pandekten, Jena 1888, §§ 63—68, S. 172 bis 183; Bekker, System des heutigen Pandektenrechts, Weimar 1889, Bd. II, § 102 S. 176 ff.; Brinz, Lehrbuch der Pandekten, Erlangen und Leipzig 1892, Bd. IV, § 560, S. 245; Baron, Pandekten, Leipzig 1893, §§ 68 ff., S. 129 ff.; Burckhard a. a. O., S. 32 ff. insbes. S. 38. Wie diese viele andere noch.

zustimmten, einen harten Stand: So einerseits Meyerfeld[17]), der 1835 in seiner „Lehre von den Schenkungen nach Römischem Recht" die Schenkung gleich dem Verkauf, der dos, dem Vergleich, dem Tausch, der solutio und in solutum datio sowie dem Darlehen in einen eigenen Teil des Pandektensystems, welchen die materiellen Gründe der Veränderungen der Rechte bilden sollten, unterzubringen gedachte; so andrerseits Windscheid, Seuffert, Wächter, Dernburg (dieser nur zögernd) und andere, welche die Schenkung im Anschluß an die Heise-Thibautsche Doktrin wieder als ein Obligationen erzeugendes Rechtsgeschäft unter den obligatorischen Verträgen behandelten. Windscheid insbesondere führt die Schenkung unter den einzelnen Forderungsrechten als ein selbständiges obligatorisches Rechtsgeschäft auf.

Bemerkenswerterweise schlossen sich neuere Gesetzbücher und Entwürfe der letztgenannten Lehre von der Schenkung an[18a]).

Der Boden für die Auffassung der Schenkung als eines obligatorischen Vertrags im heutigen BGB. war mithin bereits im Gemeinen Rechte vorbereitet.

Der obligatorische Vertragscharakter der Schenkung im BGB. ergibt sich schon rein äußerlich aus der lokalen Eingliederung des Schenkungsinstituts zwischen Kauf und Tausch einerseits und Miete und Pacht andrerseits unter den Bestimmungen über „Einzelne

---

17) Meyerfeld a. a. O., Marburg 1835, Bd. I, § 9, S. 89 ff., insbes. S. 90.

18) Windscheid-Kipp a. a. O., Bd. II, § 365, S. 512, Note 18; Seuffert (Johann Adam), Praktisches Pandektenrecht, 4. Auflage, Würzburg 1867, Bd. II, §§ 362 ff., S. 294 ff.; Wächter, Pandekten, Leipzig 1881, Bd. II, § 196, S. 432 ff.; Dernburg, Pandekten, 6. Auflage, Berlin 1900, Bd. II, § 106, S. 288 ff.

18a) Vgl. den Entwurf eines bürgerlichen Gesetzbuchs für Hessen, 4. Abteilung, Darmstadt 1853 (II. Buch, Titel I, 3. Abteilung); anders dagegen der Entwurf eines bürgerlichen Gesetzbuches für Bayern, München 1861 (I. Teil, VI. Abteilung); wie der hessische Entwurf vgl. ferner: Bürgerliches Gesetzbuch für das Königreich Sachsen, Dresden 1863 (III. Teil, II. Abteilung, I. Abschnitt) und der Entwurf eines für die deutschen Bundesstaaten gemeinsamen Gesetzes über Schuldverhältnisse, Dresden 1866 (II. Teil, I. Abteilung, III. Hauptstück).

Schuldverhältnisse" im II. Buch des BGB. Als ein dem Kauf, dem Tausch, der Miete, der Pacht artverwandtes „Schuldverhältnis" bezeichnet sonach das Gesetzbuch selbst die Schenkung, dadurch anerkennend, daß die zur Schenkung erforderliche Zuwendung, welche sich naturgemäß auf alle möglichen Rechtsgebiete erstrecken, insbesonders nicht nur obligatorische, sondern auch dingliche Wirkungen haben kann, den obligatorischen Vertragscharakter des Rechtsgeschäfts der Schenkung nicht berührt. (Über die wichtige Auseinanderhaltung des Schenkungsaktes als des Ganzen und des Zuwendungsaktes als des einen Teils der ganzen Schenkung wird weiter unten[19]) noch die Rede sein.)

Die innerliche Berechtigung der Auffassung der Schenkung des BGB. als eines obligatorischen Vertragsverhältnisses ergibt sich aus der in § 516 BGB. und in dem auf § 516 sich stützenden § 518 BGB. geforderten Willenseinigung des Schenkers und des Beschenkten über die Unentgeltlichkeit der Vornahme bezw. der Annahme der Schenkungszuwendung. Diese Willenseinigung des Schenkers und des Beschenkten ist als eine Rechtswirkungen beabsichtigende übereinstimmende Willenserklärung zweier Personen begrifflich ein Vertrag[20]) und zwar ein obligatorischer, da die Willenseinigung den Schenker zu einer Leistung verpflichtet und den Beschenkten zu deren Annahme. Mithin ist auch die ganze Schenkung des BGB., deren wesentlicher Bestandteil nicht die jeweilige Zuwendung, sondern einzig und allein die Willenseinigung über die Zuwendung und die Unentgeltlichkeit der Zuwendung ist, ihrem Wesen nach ein obligatorischer Vertrag.

Die vorstehend gebrachten Ausführungen über die obligatorische Vertragsnatur der Schenkung sind erfreulicherweise heute nahezu einstimmig anerkannt. Planck[21]) und Crome[22]) weisen allerdings — nicht ganz mit Unrecht — darauf hin, daß die Schenkung

19) Vgl. die Ausführungen auf S. 22 dieser Schrift!

20) Näheres hierüber siehe auf S. 23 dieser Schrift.

21) Planck a. a. O., Bd. II, Vorbem. z. §§ 516 ff., 1. Abs., Ziff. 1, S. 421.

22) Crome, System des deutschen bürgerlichen Rechts, Bd. II, § 230, 2 d, S. 509.

nur hinsichtlich des Schenkungserfordernisses der Einigung, nicht aber hinsichtlich des Schenkungserfordernisses der Zuwendung ein obligatorischer Vertrag sei; Kuhlenbeck[23]) und Dernburg[24]) dagegen geben zwar den Vertragscharakter der Schenkung zu, leugnen aber im Anschluß an Savigny (Dernburg insbesonders im Anschluß an Burckhard) die schuldrechtliche Natur der Schenkung, deren Eingliederung ins Obligationenrecht Dernburg insbesonders nur als ein Notbehelf erscheint; allen diesen Einwendungen gegenüber erklären aber Endemann[25]), Cosack[26]), Oertmann[27]), Staudinger[28]), Fischer-Henle[29]), Müller-Meikel[30]), Engelmann[31]) und viele, viele andere schlechtweg, daß jede Schenkung des BGB. einen obligatorischen Vertrag enthalte, indem alle diese, wie es auch hier geschah, von der zweifellos richtigen Ansicht ausgehen, daß nicht die Zuwendung, die allerdings alle möglichen Formen annehmen kann, sondern die Einigung als die immer gleichbleibende schuldrechtliche causa, die alle die zahllosen Zuwendungsformen erst zu Schenkungsgeschäften macht, der wesentliche Bestandteil der Schenkung ist, welcher, da die Einigung ein obligatorischer Vertrag ist, notwendig auch dem ganzen

---

23) Kuhlenbeck, Das Bürgerliche Gesetzbuch, Berlin 1903 (Handkommentar des Deutschen Anwaltsvereins), Bd. I, Vorbem. zu §§ 516 ff., S. 423, Abs. 1.

24) Dernburg, Das bürgerliche Recht, Bd. II, 2. Abteilung, § 205, S. 116 ff., Note 1.

25) Endemann a. a. O., Bd. I, § 164, S. 738.

26) Cosack, Lehrbuch des deutschen bürgerlichen Rechts, Bd. I, § 139, I, 1 g, S. 486 ff.

27) Oertmann, Das Recht der Schuldverhältnisse, Vorbem. zu §§ 516 ff., Ziff. 2 und 3, S. 441.

28) Staudinger, Kommentar zum BGB. und dem Einführungsgesetze, Bd. II, 1. Teil, Vorbem. zu §§ 516 ff., II, 1, 2, S. 619.

29) Fischer-Henle, Kommentar zum BGB., Erl. 9 zu § 516, S. 287.

30) Müller-Meikel, Das bürgerliche Recht des Deutschen Reichs, Bd. I, § 120, Ziff. 5, S. 421.

31) Engelmann, Das Bürgerliche Recht Deutschlands, § 101, Ziff. 1, S. 286.

Rechtsgeschäft der Schenkung die Eigenschaft eines obligatorischen Vertrags verleiht.

III. Der im vorstehenden gegenüber der gemeinrechtlichen Auffassung seinem Umfang und seiner Natur nach festgestellte Schenkungsbegriff des BGB. kennt zwei Arten der Schenkung:

A. Die Realschenkung (auch Handgeschenk genannt), bei welcher eine Sache, ein Recht usw. dem Beschenkten vom Schenker sofort zugewendet wird.

B. Das Schenkungsversprechen, welches sich als eine Schenkung darstellt, die in der unentgeltlichen Begründung eines Anspruches des Beschenkten gegen den Schenker besteht.

Beide Arten der Schenkung unterscheiden sich sonach im Gegenstand der Zuwendung, fußen aber im übrigen auf der gemeinsamen Grundlage des in § 516 Abs. I BGB. für alle Arten der Schenkung des BGB. gesetzlich festgelegten Schenkungsbegriffes und werden durch denselben ihrem Wesen und insbesonders ihren Erfordernissen nach einheitlich geregelt. Sowohl die Realschenkung wie das Schenkungsversprechen setzen daher begrifflich eine Zuwendung und eine Einigung über die Unentgeltlichkeit der Zuwendung voraus.

Auch die Vorschriften des Abs. II des § 516 BGB. bezüglich der Annahme der Schenkungszuwendung gelten für beide Schenkungsarten in übereinstimmender Weise.

Das Schenkungsgeschäft kommt hiernach bei der Realschenkung erst zustande, wenn der mit der Zuwendung und ihrer Unentgeltlichkeit einverstandene Empfänger die ihm zugewendete Sache, das ihm zugewendete Recht usw. angenommen hat; beim Schenkungsversprechen dann, wenn der mit der Zuwendung und ihrer Unentgeltlichkeit einverstandene Empfänger den ihm zugewendeten Anspruch auf eine Sache, ein Recht usw. angenommen hat[32]).

Für das Schenkungsversprechen allein (nicht auch für die Realschenkung) bringt aber sodann der § 518 BGB. eine Sonderbestimmung hinsichtlich der Vollziehung der Zuwendung, welcher erklärt, daß dem Beschenkten durch den Schenker der Anspruch auf eine

32) Über die Zuwendungs-Annahme und ihre Bedeutung siehe Näheres auf S. 26 ff. dieser Schrift!

Leistung rechtsgültig nur durch ein gerichtlich oder notariell beurkundetes Versprechen zugewendet werden kann. Durch die Bewirkung der versprochenen Leistung wird jedoch nach Abs. II des § 518 der Mangel der Form geheilt.

Soviel über die beiden Arten der Schenkung.

Keine Arten der Schenkung (deren es — wie gezeigt — nur zwei gibt), sondern Spezialfälle der Schenkung sind die in den §§ 534 (Schenkungen, durch welche einer sittlichen Pflicht usw. entsprochen wird), 1301 und 1584 (Schenkungen zwischen Verlobten bezw. Ehegatten), 1446 (Schenkungen aus dem Gesamtgut), 1624 (Ausstattung als Schenkung), 1641 (Schenkungen des Vaters in Vertretung des Kindes), 1804 (Schenkungen des Vormundes in Vertretung des Mündels), 2113 (Schenkungsversprechen des Vorerben), 2205 mit 2207 (Schenkungen des Testamentsvollstreckers), 2287, 2288 und 2325 ff. (Schenkungen des Erblassers) BGB. behandelten Schenkungsgeschäfte. Für sie alle gilt die gesetzliche Definition in § 516 Abs. I BGB., da — wie Endemann[33]) zutreffend hervorhebt — die Begriffsbestimmung des § 516 Abs. I überall da gilt, wo das BGB. von „Schenkungen" spricht. Wie die reguläre Schenkung des § 516 sind selbstverständlich auch alle diese besonderen Schenkungsfälle ihrer Art nach entweder Realschenkungen oder Schenkungsversprechen.

Die nachstehende Abhandlung wird diese Spezialfälle der Schenkung nicht berücksichtigen, da eine Vergleichung der Schenkung des BGB. mit der zum Vorteil eines anderen erfolgenden Erbschafts- oder Vermächtnisausschlagung selbstverständlich von dem allgemeinen Schenkungsbegriff auszugehen hat, der alle — im einzelnen allerdings manchmal abweichenden — Spezialschenkungen in sich begreift[34]).

33) Endemann a. a. O., Bd. I, § 164, S. 737, Note 1.

34) Nicht berücksichtigt wird ferner in nachstehendem die sog. gemischte Schenkung (auch mixtum cum donatione genannt). Bei dieser handelt es sich lediglich um eine mit einem anderen Rechtsgeschäft verbundene, im übrigen aber nach § 516 Abs. I BGB. zu beurteilende Schenkung. Über die gemischte Schenkung siehe im besonderen die Ausführungen bei Oertmann a. a. O., Erl. 8 zu § 516, S 446. Vgl. auch Entscheidungen des Reichsgerichts für Zivilsachen, Bd. 68, S. 326 (Neue Folge, 18. Bd.).

IV. Die einzelnen Erfordernisse des Schenkungsbegriffes des BGB. ergeben sich in der Hauptsache aus der Legaldefinition in § 516 Abs. I, welcher wie folgt lautet: „Eine Zuwendung, durch die jemand aus seinem Vermögen einen anderen bereichert, ist Schenkung, wenn beide Teile darüber einig sind, daß die Zuwendung unentgeltlich erfolgt."

Die gesetzliche Begriffsbestimmung der Schenkung verlangt also lediglich ein Zweifaches:

1. eine Zuwendung, welche das Vermögen des Zuwendenden vermindert und gleichzeitig das des Empfängers bereichert,

2. eine Einigung des Zuwendenden und des Empfängers über die Zuwendung und ihre Unentgeltlichkeit.

Wie nun diese Zuwendung und diese Einigung des § 516 Abs. I in allen Einzelheiten sich darstellen, kann aus § 516 Abs. I nicht entnommen werden.

Die Vorschrift des genannten Paragraphen wurde zwar laut Protokolle Bd. II S. 4 ausdrücklich im Gegensatz zur bisherigen Redaktionsweise, welche Begriffsbestimmungen im Gesetz vermieden hatte, ins BGB. zu dem Zweck eingefügt, um im geltenden Recht über den Begriff und die Natur des Instituts der Schenkung den weitesten Kreisen der Bevölkerung Klarheit zu verschaffen. Gleichwohl enthält das Gesetz in § 516 Abs. I keine gänzlich lückenlose Begriffsbestimmung der Schenkung des BGB.

Die prominente Bedeutung der Definition des § 516 Abs. I für die Gewinnung des Schenkungsbegriffs des BGB. soll und darf zwar nicht verkannt werden; andrerseits muß aber auch betont werden, daß die Legaldefinition des § 516 Abs. I in ihrer Darstellung des Schenkungsbegriffs wichtige Ergänzungen von verschiedener Seite her erfahren hat. Solche Ergänzungen enthält zunächst das BGB. selbst, vor allem in den Vorschriften der §§ 516 Abs. II, 517, 518, welche zu den in § 516 Abs. I aufgestellten Erfordernissen der Zuwendung und der Einigung erläuternd Stellung nehmen. Neben diese das Bild der Schenkung des BGB. in erster Linie gestaltenden Vorschriften treten sekundär noch andere Gesetzesbestimmungen, ferner die Rechtsprechung, die wissenschaftliche Kommentierung und Darstellung, sowie nicht zuletzt die Volksanschauung, um vereint den

Schenkungsbegriff festzulegen. So sind beispielsweise die rechtliche Freiwilligkeit der Schenkungszuwendung: das Nichterforderlichsein des animus donandi: die Frage, ob die Schenkung ausschließlich eine Zuwendung unter Lebenden voraussetzt oder auch als Vertrag von Todes wegen vorgenommen werden kann, und viele andere Einzelheiten in der Schenkungsdefinition des § 516 Abs. I BGB. nicht zum Ausdruck gelangt, sondern erst durch die obenerwähnten Faktoren festgestellt worden.

Nachfolgend seien die beiden Erfordernisse der Zuwendung und der Einigung nach Maßgabe des § 516 Abs. I BGB. und all der Weiterungen und Erläuterungen, die Rechtsprechung, Wissenschaft und Volksmeinung daran knüpfen, kurz des Näheren erörtert.

Die Zuwendung.

Eine gesetzliche Definition des Begriffes der „Zuwendung" im BGB. gibt es nicht, obwohl das Gesetz diesen Begriff mehrfach verwendet. So spricht das BGB. außer bei der Schenkung auch bei der Stiftung (§ 84), der Ausstattung (§ 1624) und in zahlreichen anderen Fällen von einer Zuwendung.

Schon aus diesem Umstande geht hervor, daß „Schenkung" und „Zuwendung" sich im BGB. keineswegs decken.

Was versteht man nun unter dem Begriffe der Zuwendung?[35]) Zweifellos jede von dem Zuwendenden bewirkte rechtliche Hingabe eines materiellen oder immateriellen Gutes zum Besten eines anderen an diesen anderen.

Von diesem allgemeinen Begriffe der Zuwendung überhaupt ist nun die Schenkungszuwendung des § 516 Abs. I BGB. sofort als eine bestimmte engere Art der Zuwendung insoferne zu unterscheiden, als die Schenkungszuwendung lediglich die Hingabe materieller Güter zum Gegenstande hat, rechtlich-freiwillig bewirkt werden muß, nur als Zuwendung unter Lebenden, nicht aber von Todes wegen vollzogen werden kann, das Vermögen des Zuwendenden schmälern und gleichzeitig den Beschenkten bereichern muß, sodaß die Schenkungszuwendung im Gegensatze zu dem oben formulierten

---

35) Über den allgemeinen Begriff der Zuwendung vgl. Bekker, System des heutigen Pandektenrechts, Bd. II, S. 145 ff.

allgemeinen Zuwendungsbegriff sich darstellt als die von dem Zuwendenden rechtlich-freiwillig zum Besten eines anderen bewirkte und diesen bereichernde rechtliche Hingabe eines Vermögensbestandteils[36]). Es findet also bei der Schenkungszuwendung eine Vermögensverschiebung statt, zufolge derer nach einem treffenden Worte Cromes[37]) „Vermögenswerte aus dem Vermögen des einen in das Vermögen eines anderen hineingesetzt werden."

Daß immaterielle Güter als Gegenstand der Schenkungszuwendung nicht in Betracht kommen können, ergibt sich aus dem geforderten Begriffe der „Vermögensverschiebung" von selbst, da der Begriff „Vermögen" nur materielle Güter umfaßt. Vermögen ist die Gesamtheit der einer Person zustehenden geldwerten Rechte, sagt Oertmann[38]) richtig. Die entgegenstehende, von Reatz[39]) befürwortete und gelegentlich der II. Lesung des BGB.-Entwurfes der Kommission vorgelegte Auffassung, es möchte der Gegenstand der Schenkung nicht nur auf die Zuwendung von Vermögensgütern beschränkt sein, vielmehr auch die Zuwendung von Vorteilen immaterieller Art, die Aufwendung von Zeit, die Verschaffung von Annehmlichkeiten, überhaupt jede uneigennützige Betätigung von

36) Mit obiger Begriffsbestimmung der Schenkungszuwendung siehe wesentlich übereinstimmend: Staudinger a. a. O., Bd. II, Erl. I, 1a zu § 516, S. 622.

37) Crome a. a. O., Bd. II, § 230, Abs. 1, S. 503 mit Bd. I, § 74, Abs. II, 5, S. 327. Über das Erfordernis der „Vermögensverschiebung" vgl. insbesonders Protokolle, Bd. II, S. 3; siehe auch Fischer-Henle a. a. O., Erl. 1 zu § 516, S. 287.

38) Oertmann a. a. O., Erl. 2, 3 zu § 516, S. 444. Oertmann führt an dieser Stelle insbesonders aus, daß der Begriff des Vermögens, im Gegensatze zu der Reatz'schen Auffassung, für das BGB. nicht im faktisch-wirtschaftlichen Sinne aufgefaßt werden dürfe, sondern im juristischen Sinne zu betrachten sei; „Vermögen" sei ein Rechtsbegriff, der sich nicht nach wirtschaftlichen Gesichtspunkten entscheidend bestimmen lasse. Diesen Ausführungen ist durchaus beizupflichten.

39) Vgl. Reatz, Gutachten aus dem Anwaltstande; im Auszug wiedergegeben in der (amtlichen) „Zusammenstellung der gutachtlichen Äußerungen zu dem Entwurfe eines Bürgerlichen Gesetzbuchs", Bd. II, §§ 437 ff., S. 211 und 212.

Wohlwollen für einen anderen, durch welche dieser einen wirtschaftlichen Vorteil erhalte, als Schenkung beurteilt werden, wurde von der Mehrheit der II. Kommission abgelehnt[40]).

Die Schenkungszuwendung — hieß es oben weiter — muß aber auch rechtlich-freiwillig bewirkt werden. Dieses Erfordernis der Schenkungszuwendung ergibt sich einerseits aus der landläufigen Anschauung von dem Wesen der Schenkung, ist aber andrerseits auch von der Wissenschaft anerkannt. So nennen z. B. Fischer-Henle[41]) die Schenkungszuwendung „die auf dem Willen des Schenkers beruhende Vermögensverschiebung"; deutlicher noch erklärt Staudinger[42]): „Der Rechtsvorgang auf Seite des Zuwendenden muß sich als ein rechtlich freiwilliger darstellen"; am treffendsten endlich fordern Müller-Meikel[43]): „die beabsichtigte Zuwendung (des Schenkers an den Beschenkten) muß eine freiwillige und darf rechtlich nicht erzwingbar sein." Letztere Beschränkung der Schenkungszuwendung, die zugleich den Begriff der hier geforderten „Freiwilligkeit" erläutert, ist in der Tat sehr wichtig. Denn eine Schenkungszuwendung ist immer nur dann „unfreiwillig" erfolgt, wenn der Schenker aus irgend einem Rechtsgrund dazu verpflichtet war[44]); ein tatsächlicher Grund, ein Handeln unter dem Zwang einer lediglich tatsächlichen, nicht aber rechtlichen Notwendigkeit tut dagegen der rechtlichen Natur einer Schenkungszuwendung hinsichtlich ihrer Freiwilligkeit keinen Eintrag.

Es erhebt sich ferner die Frage, ob die Schenkungszuwendung des § 516 Abs. I BGB. notwendig eine Zuwendung unter Lebenden sein muß oder auch eine Zuwendung von Todes wegen sein kann. Diese Frage ist dahin zu beantworten, daß das BGB. für die Schenkung nur eine Zuwendung unter Lebenden kennt, da die fälschlich als „Schenkungen von Todes wegen" bezeichneten Verfügungen des § 2301 Abs. I BGB. zwar Schenkungen aber keine Zuwendungen

40) Vgl. Protokolle, Bd. II, S. 2 und 3.

41) Fischer-Henle a. a. O., Erl. 1 zu § 516, S. 287.

42) Staudinger a. a. O., Bd. II, Teil 1, Erl. 2 b zu § 516 S. 623.

43) Müller-Meikel a. a. O., Bd. I, § 120, S. 420.

44) Z. B. die Zuwendung conditionis implendae causa auf S. 24. dieser Schrift.

von Todes wegen und die Verfügungen von Todes wegen des BGB. (d. h. die letztwilligen und die erbvertragsmäßigen Verfügungen) zwar tatsächlich Zuwendungen „von Todes wegen" aber keine Schenkungen sind. Denn die Verfügungen des § 2301 Abs. I BGB., welche die irrige Bezeichnung „Schenkungen von Todes wegen" führen, weil sie nach dem genannten § 2301 Abs. I BGB. als Verfügungen von Todes wegen behandelt werden, sind in Wahrheit Schenkungen unter Lebenden und zwar — ihrer Art nach — Schenkungsversprechen unter Lebenden (gemäß § 518 BGB.), aus denen für den Beschenkten die ihm zugewendete Forderung sofort entsteht, wenn sie auch erst mit dem Tode des Schenkers fällig werden soll. Die echten Verfügungen von Todes wegen aber, d. h. die letztwilligen und die erbvertragsmäßigen Verfügungen, können gemäß § 516 BGB. nicht als Schenkungen erachtet werden, da einerseits die letztwilligen Verfügungen (Zuwendung einer Erbschaft, eines Vermächtnisses) als einseitige Rechtsgeschäfte das in den §§ 516 und 518 BGB. für die Schenkung aufgestellte Erfordernis der Einigung des Schenkers und des Beschenkten über die Unentgeltlichkeit der Zuwendung vermissen lassen, andrerseits die erbvertragsmäßigen Verfügungen von Todes wegen (§ 1941 BGB.) eine Zuwendung zum Gegenstande haben, die erst dann in das Vermögen des Beschenkten übergehen soll, wenn der Zuwendende (d. i. der Erblasser) gestorben, mithin kein Rechtssubjekt mehr ist, welches in seinem Vermögen durch die Zuwendung gemäß § 516 Abs. I BGB. geschmälert wird[45]).

Gerade die Schmälerung des Vermögens des Zuwendenden verbunden mit der Bereicherung des Empfängers ist aber nach der oben gebrachten Definition eines der wesentlichen Erfordernisse der Schenkungszuwendung. Man darf sogar sagen: das wesentlichste, wie schon daraus hervorgeht, daß im Gegensatze zu den bisher besprochenen übrigen Erfordernissen der Schenkungszuwendung in der Legaldefinition der Schenkung in § 516 Abs. I BGB. lediglich das

---

45) Sachlich übereinstimmend siehe Oertmann a. a. O., Erl. 1 der Vorbem. zu §§ 516 ff. S. 440. Vgl. auch Staudinger a. a. O., Bd. II, Teil 1, Vorbem. zu §§ 516 ff., Ziff. 4, lit. a, S. 619; Planck a. a. O., Bd. II, Vorbem. zu §§ 516 ff., Ziff. 4 Abs. II, S. 422.

Doppelerfordernis des Ärmerwerdens des einen und des Reicherwerdens des anderen hervorgehoben ist.

Die Schenkungszuwendung muß also beides zugleich tun: schmälern und bereichern. Cosack[46]) hat mit Recht darauf hingewiesen, daß das Ärmerwerden des Zuwendenden nicht stets von selbst aus dem Reicherwerden des Empfängers zu folgen brauche (und umgekehrt). Cosack verweist neben anderem vor allem auf das wichtige Beispiel der letztwilligen Zuwendungen, die wohl den Empfänger reicher, aber den Geber nicht ärmer machen.

Daraus, daß die Schenkungszuwendung die Eigenschaft haben muß, das Vermögen des Zuwendenden zu vermindern und das Vermögen des Empfängers zu vergrößern, folgt aber andrerseits, daß Gegenstand der Schenkungszuwendung alles sein kann, was ein Vermögen mindert oder mehrt und überhaupt zugewendet werden kann. Gegenstand der Schenkungszuwendung können daher insbesondere sein: Sachen, Rechte an Sachen, Forderungsrechte (durch Verzicht auf Ansprüche z. B.), Befreiungen von einer Verbindlichkeit (durch Schuldübernahme z. B.), Sachgesamtheiten, Rechtsgesamtheiten usw.

Die Entäußerung von Vermögensbestandteilen seitens des Zuwendenden kann soweit gehen, daß der Zuwendende (z. B. durch Schenkungsversprechen) dem anderen sein ganzes Vermögen schenkt. Der Wortlaut der Schenkungsdefinition des § 516 Abs. I BGB., die Schenkung müsse eine Zuwendung „aus dem Vermögen" sein, steht dieser Auffassung nicht entgegen.

Rechtlich gleichgültig für das Vorliegen einer Schenkungszuwendung ist es ferner, ob der zugewendete Vermögensbestandteil das Stammgut des Vermögens schmälert oder lediglich in der Zuwendung von Vermögenseinkünften besteht. Auch die Zuwendung von Vermögenseinkünften ist logischerweise eine Schenkungszuwendung.

Darüber, ob die Unterlassung eines Vermögenserwerbs, insbesonders auch die unentgeltliche Leistung von Diensten und tatsächlichen Gefälligkeiten, zum Vorteil eines anderen, ferner ob der Verzicht auf ein angefallenes, noch nicht endgültig erworbenes Recht

46) Cosack a. a. O., Bd. I, § 139, lit. c, S. 484.

zum Vorteil eines anderen und die Ausschlagung einer Erbschaft oder eines Vermächtnisses zum Vorteil eines anderen eine Schenkungszuwendung „aus dem Vermögen des Zuwendenden" ist, wird in anderem Zusammenhange weiter unten noch die Rede sein[47]).

Nicht ohne weiteres zu entscheiden ist die Frage, ob die Leistung einer Sicherheit (z. B. die Bestellung eines Pfandes oder einer Hypothek, die Bürgschaftsleistung usw.) bezw. das Aufgeben einer solchen Sicherheit eine Schenkungszuwendung ist.

Der § 439 Abs. I des I. Entwurfes des BGB. verneinte diese Frage ausdrücklich mit den Worten: „Eine Bereicherung liegt nicht vor, wenn für ein Recht Sicherheit geleistet wird, selbst wenn ein anderer als der Verpflichtete die Sicherheit leistet."

Gegen diese Formulierung des § 439 wandte sich aber laut Protokolle Bd. II S. 8 ff. die Mehrheit der II. Kommission, die alsbald die Streichung des genannten Abs. I des § 439 durchsetzte; als Grund für die Streichung wurde einerseits angeführt, daß der Inhalt des Abs. I des § 439 selbstverständlich sei; andrerseits, daß Fälle denkbar seien, in denen die Bestellung einer Sicherheit sich in der Tat als Schenkung darstelle, z. B. die Bürgschaft oder Pfandbestellung für eine Forderung gegen eine vermögenslose Verlassenschaft.

Hierzu ist zu bemerken, daß die Streichung des Abs. I des § 439 I. Entwurfs jedenfalls mit Recht erfolgte. Daß die Leistung bezw. das Aufgeben einer Sicherheit keine Schenkungszuwendung zugunsten des Berechtigten ist (der Verpflichtete kommt selbstverständlich als eventuell „Beschenkter" von vornherein nicht in Betracht), kann in der Tat durch Gesetzesvorschrift nicht schlankweg ein für alle Mal verneint werden.

Mit Planck wird man vielmehr sagen müssen, daß die Beantwortung der Frage, ob in den Fällen der Leistung oder des Aufgebens einer Sicherheit eine Schenkungszuwendung zugunsten des Berechtigten gegeben sei, sich lediglich danach richtet, ob die allgemeinen Voraussetzungen der Schenkungszuwendung nach § 516 Abs. I BGB. vorliegen oder nicht. Für die Sicherheitsleistung

47) Vgl. die Ausführungen im dritten bezw. im fünften Abschnitt dieser Schrift.

durch den Verpflichteten selbst wird diese Frage stets zu verneinen sein; bei der Sicherheitsleistung durch einen Dritten und bei dem Aufgeben einer Sicherheit wird es darauf ankommen, ob nach den Umständen im ersteren Falle eine Bereicherung des Berechtigten, im zweiten Falle eine Verminderung des Vermögens des Aufgebenden anzunehmen ist oder nicht, und hiernach wird die Frage zu bejahen oder zu verneinen sein[48]).

Ob die Rangausweichung eines Hypothekgläubigers zugunsten eines späteren Hypothekgläubigers eine Schenkungszuwendung ist, dürfte auch von Fall zu Fall zu entscheiden sein. Die Rangausweichung ist jedenfalls nur dann eine Schenkungszuwendung, wenn der spätere Hypothekgläubiger durch die Vorrangseinräumung auf Kosten des Vermögens des zurücktretenden Hypothekgläubigers eine Bereicherung erfährt; wenn die spätere Stelle für den Zurücktretenden auch noch als sicher zu erachten ist, dann liegt selbstverständlich in der Vorrechtseinräumung keine Schenkungszuwendung, ganz davon abgesehen, daß für die Regel bei einer Rangausweichung das unumgängliche weitere Schenkungserfordernis der Unentgeltlichkeit auch noch fehlt[49]).

Entsprechend der Vielheit der Zuwendungsgegenstände ist auch die Form der Schenkungszuwendung unbeschränkt mannigfaltig: Wenn die Schenkungszuwendung nach der obigen Definition auch stets eine rechtliche Hingabe von Vermögensbestandteilen darstellen muß, so braucht sie deswegen doch durchaus nicht nur auf dem Wege

48) So Planck a. a. O., Bd. II, Erl. 2 zu § 517, S. 427 ff. Vgl. auch Oertmann a. a. O., Erl. 1 b zu § 516, S. 443; Staudinger a. a. O., Bd. II, 1. Teil, Erl. 4 zu § 517, S. 628 ff.; siehe ferner Entscheidungen des Reichsgerichts für Zivilsachen in Bd. 6, S. 85; Bd. 9, S. 103; Bd. 10, S. 33 ff.; Bd. 33, S. 209 ff. und Neumann in Gruchots „Beiträgen zur Erläuterung des deutschen Rechts“, Bd. 45, S. 509.

49) Daß die Rangausweichung einer Hypothek zugunsten einer anderen in der Regel entgeltlich ist, nimmt u. a. auch Staudinger an (a. a. O., Erl. I, 2, c zu § 516, S. 623). Vgl. im übrigen zu der ganzen Frage Oertmann a. a. O., Erl. 1 b zu § 516 S. 443 ff. und Planck a. a. O., Erl. 2 zu § 517, S. 427 ff. Bei beiden siehe ausführlichen weiteren Literaturnachweis.

des Rechtsgeschäfts zu erfolgen. Dies ist außer von Cosack allseits anerkannt [50]).

Bezüglich der Form der Zuwendung ist insbesonders noch hervorzuheben, daß es rechtlich belanglos ist, ob die bereichernde Zuwendung unmittelbar vom Schenker an den Beschenkten gelangt oder mittelbar durch „Inbewegungsetzung von Mittelgliedern" — wie Windscheid sagt — vorgenommen wird [51]). Es ist daher beispielsweise eine Schenkungszuwendung, wenn der Zuwendende an den Gläubiger des zu Beschenkenden Zahlung leistet und dadurch den zu Beschenkenden von einer Verbindlichkeit befreit; es liegt ferner eine Schenkungszuwendung vor, wenn der Zuwendende nicht persönlich, sondern durch seinen Vertreter oder Beauftragten, aber auf seine eigene Rechnung eine Bereicherung des zu Beschenkenden bewirkt; es ist endlich eine Schenkungszuwendung, wenn der Zuwendende mit einer Lebensversicherungsgesellschaft einen Vertrag zugunsten eines Dritten — z. B. seiner Ehefrau oder seiner Kinder — abschließt und zugunsten dieses Dritten an die Versicherungsgesellschaft Prämien einzahlt: Gegenstand der Schenkungszuwendung an den Dritten ist in diesem Falle das nach § 330 BGB. unmittelbar mit dem Abschluß des Versicherungsvertrags entstandene, aber erst nach dem Tode des Zuwendenden fällig werdende Recht des Dritten auf Auszahlung der Versicherungssumme; die einzelnen Prämienzahlungen dagegen sind keine Schenkungszuwendungen, sondern lediglich Voraussetzungen der Gültigkeit des die Schenkungszuwendung enthaltenden Vertrags.

Hinsichtlich der Form der Zuwendung ist ferner festzustellen, daß neben dem weiter unten noch des Näheren zu besprechenden Erfordernis der Unentgeltlichkeit das Erfordernis einer ausdrücklichen Bereicherungsabsicht des Zuwendenden, der sog. animus donandi des Römischen Rechtes, für die Schenkung des BGB. nicht mehr

---

50) Vgl. Oertmann a. a. O., Erl. 5 zu § 516, S. 445; Planck a. a. O., Bd. II, Erl. 2 Abs. 4 zu § 516 S. 423 ff.; Staudinger a. a. O., Bd. II, Teil 1, Erl. I, 1 a zu § 516 S. 622. Anderer Ansicht: Cosack a. a. O., Bd. I, § 139 a, S. 483 ff.

51) So Oertmann a. a. O., Erl. 4 zu § 516, S. 444; Windscheid-Kipp a. a. O., Bd. II, § 365, S. 511 mit Note 15.

notwendig ist. Laut Protokolle fällt auch eine lediglich in egoistischer Absicht gemachte Zuwendung, vorausgesetzt, daß sie objektiv den zu Beschenkenden bereichert, unter den Begriff der Schenkung[52]).

Die Schenkungszuwendung des BGB. dürfte damit in ihren wesentlichen Grundzügen dargestellt sein. Nicht aber die Schenkung des BGB. als solche, als Ganzes, die sich — wie oben bereits angedeutet wurde — als das Produkt aus den beiden Faktoren der Schenkungszuwendung und der Einigung über die Unentgeltlichkeit der Schenkungszuwendung darstellt.

Oertmann[53]) hebt daher mit Recht hervor, daß zum richtigen Verständnis des Schenkungsinstitutes des BGB. die scharfe Sonderung des Zuwendungsaktes und des Schenkungsaktes an erster Stelle wichtig ist: Die Schenkungszuwendung ist lediglich der äußere Akt der Schenkung des BGB., gleichwie die Einigung der Parteien über die Unentgeltlichkeit der Zuwendung der innere Akt der Schenkung des BGB. ist. In Anlehnung an ein von Crome[54]) an anderer Stelle gebrauchtes Bild kann man die Schenkungszuwendung auch als den Körper der Schenkung, die Einigung als die Seele der Schenkung, die Schenkung selbst als das aus Körper und Seele sich zusammensetzende Lebewesen bezeichnen.

Nach dieser Feststellung sei auf das zweite Schenkungserfordernis, die Einigung beider Teile über die Unentgeltlichkeit der Schenkungszuwendung, des Näheren eingegangen.

---

52) Vgl. Protokolle, Bd. II, S. 25. Ebenso: Burckhard, Zum Begriff der Schenkung, Erlangen 1899, S. 131 ff.; weitere Literatur siehe bei Staudinger a. a. O., Bd. II, Teil 1, Erl. I, 1 c zu § 516, S. 622 ff.

Entgegen dem allgemeinen Sprachgebrauch bezeichnen Kuhlenbeck (Handkommentar zum Bürgerlichen Gesetzbuch, Bd. I, Vorbem. zu § 516, S. 423) und Engelmann (Das Bürgerliche Recht Deutschlands) § 101, S. 286) nicht die Bereicherungsabsicht des Zuwendenden, sondern die Einigung des Schenkers und des Beschenkten über die Unentgeltlichkeit der Zuwendung als animus donandi. Dank dieser willkürlichen und historisch unrichtigen Bezeichnung kommen sie dazu, auch für die Schenkung des BGB. das Vorliegen des animus donandi als erforderlich zu erklären.

53) Oertmann a. a. O., Ziff. 2 der Vorbem. zu §§ 516 ff., S. 441.

54) Crome a. a. O., Bd. I, § 74, S. 328.

Die Einigung über die Zuwendung und ihre Unentgeltlichkeit.

Eine gesetzliche Definition des Begriffes der „Einigung" im BGB. gibt es ebensowenig wie eine solche der Zuwendung. Die Theorie muß daher diesen Begriff aus seiner Anwendung im Gesetze konstruieren. Eine Untersuchung lehrt, daß das BGB. in all den Fällen, in denen es sich des Begriffes der „Einigung" bedient, die auf Rechtswirkungen gerichtete, übereinstimmende Willenserklärung zweier oder mehrerer Personen meint (vgl. §§ 154, 155, 873 usw. BGB.).

Die „Einigung" oder „Willenseinigung" der Parteien fällt sonach mit dem Begriff des „Vertrages" zusammen; Vertrag und Einigung sind, wie Planck sagt, in der Tat nur zwei verschiedene Ausdrucksweisen für denselben Gedanken. Daher gebraucht auch das BGB. beide Namen abwechselnd, ohne einen sichtlichen Unterschied zwischen beiden zu machen. So wird beispielsweise der dingliche Vertrag im Sachenrechte des BGB. stets die „Einigung der Parteien" genannt[55]).

Der § 516 Abs. I BGB. verlangt also, indem er eine Willenseinigung zwischen dem Schenker und dem Beschenkten verlangt, einen Vertrag zwischen dem Schenker und dem Beschenkten und zwar einen Vertrag über die Zuwendung selbst und über ihre Unentgeltlichkeit. Zur Willenseinigung nach § 516 Abs. I BGB. gehört sonach ein Doppeltes: Die Parteien müssen einmal darüber einig sein, daß der Schenker eine Zuwendung macht und der Be-

55) Von anderer Seite wird das begriffliche Zusammenfallen der „Einigung" und des „Vertrages" namentlich in Bezug auf die sachenrechtliche „Einigung der Parteien" lebhaft bestritten. Vgl. Bruck, Die Einigung im Sachenrechte des BGB. 1900, und Eccius in der Deutschen Juristenzeitung 1902, S. 61 ff. und 95 ff., ferner in Gruchots Beiträgen Bd. 47 S. 51 ff. Beide Autoren nehmen nach Planck (a. a. O., Bd. I, Ziff. 2 der Vorbem. zu §§ 145 ff., S. 259 ff.) an, daß die Einigung kein Vertrag sei, und gründen diese Ansicht hauptsächlich darauf, daß die sachenrechtliche Einigung für sich allein keinerlei rechtliche Wirkungen erzeuge, und daß die allgemeinen Vorschriften des BGB. für Verträge auf die Einigung nicht passen. Das Fehlerhafte dieser Auffassung wird von Planck a. a. O. überzeugend widerlegt. Auf die diesbezüglichen, voll und ganz zu billigenden Ausführungen sei hiermit verwiesen.

schenkte diese Zuwendung annimmt, und die Parteien müssen weiter darüber einig sein, daß die Vornahme wie die Annahme der Zuwendung unentgeltlich zu geschehen habe.

Der Begriff der Unentgeltlichkeit deckt sich nun keineswegs mit dem oben als Erfordernis der Schenkungszuwendung bereits besprochenen Begriff der rechtlichen Freiwilligkeit.

„Unentgeltlichkeit" einer Zuwendung bedeutet vielmehr das Fehlen aller Gegenvorteile für das zu Leistende[56]). Nur wenn der Zuwendende und der Empfänger darüber einig sind, daß der Zuwendende durch seine Leistung an den Empfänger keinerlei Gegenleistung erlangt oder sich sichert, und im übrigen die Zuwendung eine „Schenkungszuwendung" im Sinne der obigen Ausführungen ist, liegt eine Schenkung vor.

Daher enthält z. B. eine Rangausweichung eines Hypothekgläubigers zugunsten eines anderen, selbst wenn durch sie der Zurücktretende in seinem Vermögen benachteiligt wird und der Begünstigte durch sie einen finanziellen Vorteil erlangt, jedesmal, wenn sie der Zuwendende von irgend einer Gegenleistung des Empfängers abhängig macht, keine Schenkung[57]).

Ebenso begründet eine sog. conditionis implendae causa erfolgte Zuwendung, ganz davon abgesehen, daß bei ihr auch keine rechtliche Freiwilligkeit der bewirkten Leistung anzunehmen ist, schon wegen der mangelnden Unentgeltlichkeit keine Schenkung, weil der Zuwendende mit der Leistung nur die Bedingung einer ihm selbst gemachten Zuwendung erfüllt bezw. mit der Leistung nur die Bedingung setzt, um sich eine Gegenleistung zu sichern.

Wie kommt nun die Willenseinigung zwischen Schenker und Beschenktem über die Unentgeltlichkeit der Schenkungszuwendung zustande?

Die Willenseinigung des Schenkers und des Beschenkten besteht nach § 516 Abs. I BGB. darin, daß einerseits der Schenker unter Vollziehung der Zuwendung ausdrücklich oder durch schlüssige

---

56) So insbesonders Crome a. a. O., Bd. II, § 230, Abs. 2 c, S. 507.

57) Vgl. die Ausführungen auf S. 20 dieser Schrift.

Handlung[58]) die Willenserklärung abgibt, die Schenkung dem Beschenkten unentgeltlich zu gewähren, und andrerseits der Beschenkte ausdrücklich oder durch schlüssige Handlung die Zuwendung des Schenkers als von diesem unentgeltlich zugewendet annimmt. Der Schenkerwille und der Wille des Beschenkten stimmen also in der Richtung auf die Zuwendung und ihre Unentgeltlichkeit überein.

Durch diese Willenseinigung zwischen dem Schenker und dem Beschenkten entsteht eine Verpflichtung des Schenkers, welche bei der Realschenkung darin besteht, daß der Schenker dem Beschenkten den Gegenstand seiner Schenkung unentgeltlich lassen muß, beim Schenkungsversprechen darin, daß der Schenker das die Zuwendung bildende Forderungsrecht des Beschenkten auf die versprochene Leistung erfüllen muß. Die Willenseinigung zwischen dem Schenker und dem Beschenkten ist also — wie oben in anderem Zusammenhange bereits betont wurde — ein, eine Verpflichtung des Schenkers begründender, obligatorischer Vertrag[58a]).

Die auf eine unentgeltliche Zuwendung gerichtete Willenseinigung zwischen Schenker und Beschenktem unterliegt als obligatorischer Vertrag konsequentermaßen den allgemeinen Vorschriften über Verträge nach §§ 145—157 BGB., soweit sich nicht für die Annahme aus § 516 Abs. II BGB. eine abweichende Regelung ergibt.

Danach liegt eine Schenkung nur dann vor, wenn sich ein geschäftsfähiger Zuwendender und ein geschäftsfähiger Empfänger

58) Was alles unter den „schlüssigen Handlungen", durch welche die Schenkungsannahme bekundet werden kann, zu verstehen ist, ergibt sich insbesonders aus der Entscheidung des Reichsgerichts in Bd. 15, S. 218. Besondere Gründe für die Annahme des Akzeptationswillens bei dem Beschenkten können danach unter Umständen überhaupt entbehrlich sein. So ist z. B. schon dann, wenn derjenige, zu dessen Gunsten ein Schuldschein lautet, denselben besitzt, zu vermuten, daß die Urkunde von dem Aussteller zum Zwecke der Verpflichtung hingegeben und von ihm in der entsprechenden Willensmeinung entgegengenommen worden sei.

58a) Daß der Schenkungsvertrag ein Schuldvertrag sei, betont auch Oertmann a. a. O., Vorbem. zu § 516 Ziff. 3 Abs. 4 S. 441f. Über die obligatorische Verpflichtung des Schenkers s. ferner Crome a. a. O. § 230 Abs. 1 S. 505 Note 15 und Cosack Bd. I § 139, I, 3, S. 481f.

unter Vornahme einer Zuwendung darüber geeinigt haben, daß diese Zuwendung von dem Zuwendenden bewirkt werde und von dem Empfänger unentgeltlich angenommen werde. Andernfalls ist die Schenkung, weil eine Willenseinigung von Geschäftsunfähigen sie bewirkt hat, gemäß § 105 BGB. nichtig. Eine bloße Beschränkung in der Geschäftsfähigkeit dagegen erfordert zur rechtsgültigen Vornahme der Schenkung für den willensbeschränkten Zuwendenden die Zustimmung des gesetzlichen Vertreters, während für den willensbeschränkten Empfänger, welcher regelmäßig durch die Schenkung lediglich einen rechtlichen Vorteil erlangt, die Einwilligung des gesetzlichen Vertreters zur Annahme der unentgeltlichen Zuwendung gemäß § 107 BGB. nicht notwendig ist.

Der Vertragscharakter der Willenseinigung des Schenkers und des Beschenkten über die Unentgeltlichkeit der Zuwendung bringt es ferner mit sich, daß dann, wenn der Zuwendende die unentgeltliche Zuwendung bereits vorgenommen hat, die Annahme dieser unentgeltlichen Zuwendung durch den Empfänger aber aus irgendwelchen Gründen noch aussteht[59]), ein Vertragsantrag gemäß § 145 BGB. seitens des Zuwendenden vorliegt. Die Schließung des Vertrages, d. i. eben die Willenseinigung, ist in diesem Falle noch nicht erfolgt, wohl aber ist der Zuwendende an seine auf die Perfektion des Schenkungsvertrags gerichtete Offerte gemäß § 145 BGB. gebunden. Diese Offerte ist, wie Oertmann[60]) im Einklang mit den Motiven[61]) ausführt, eine „besonders qualifizierte, ihrer Eigenart und der vermutlichen Willensrichtung des Schenkers entsprechend nicht nur im gewöhnlichen Sinne, sondern bis auf weiteres schlechthin unwiderrufliche“ Vertragsofferte.

Die unentgeltliche Annahme der vom Schenker unentgeltlich bewirkten Zuwendung durch den Beschenkten — mit einem Worte: die Zustimmung des Empfängers zu der ohne seinen Willen erfolgten Zuwendung — ist somit das ausschlaggebende Moment, welches aus der dem Empfänger mit der Zuwendung offerierten

59) Daß die Zuwendung und die Einigung über die Unentgeltlichkeit zeitlich selbstverständlich auseinander fallen können, bedarf keiner Erörterung.

60) Oertmann a. a. O., Erl. 6 zu § 516, S. 445.

61) Motive Bd. II, S. 289.

Willenseinigung über die Zuwendung und ihre Unentgeltlichkeit diese Willenseinigung selbst als einen Vertrag entstehen läßt.

In dem Augenblick, wo zu der bereits gemachten Zuwendung die Einigung der beiden Beteiligten über die Unentgeltlichkeit hinzutritt, kommt aber gemäß § 516 Abs. I BGB. auch der aus Zuwendung und Einigung sich zusammensetzende Schenkungsvertrag als solcher zustande. Die Annahme der Zuwendung durch den Empfänger bedeutet mithin im Falle, daß die Zuwendung ohne den Willen des Empfängers erfolgt ist, nicht nur den Abschluß der Willenseinigung über die Unentgeltlichkeit der gemachten Zuwendung, sondern ist auch der Schlußstein des ganzen Schenkungsvertrages, der Schlußstein der Schenkung als solcher.

Die rechtliche Beurteilung der Annahme der Zuwendung muß also stets zwischen der Bedeutung, welche die Annahme der Zuwendung für das Zustandekommen der Willenseinigung hat, und zwischen der Bedeutung, welche die Annahme der Zuwendung für das Zustandekommen der Schenkung als solcher hat, unterscheiden.

In Anbetracht der großen Wichtigkeit der Annahme der Zuwendung in der angedeuteten doppelten Richtung hat das BGB. in Abs. II des § 516 besondere Vorschriften hinsichtlich ihrer erlassen. Danach kann der Zuwendende den Empfänger, wenn er diesen ohne dessen Willen unentgeltlich aus seinem Vermögen bereichert hat, unter Bestimmung einer angemessenen Frist zur Erklärung über die Annahme auffordern.

Diese Fristsetzung begründet einen Schwebezustand, während dessen Dauer das Zustandekommen des Rechtsgeschäfts der Schenkung aufschiebend gemäß § 158 Abs. I bedingt ist.

Nach der Fristsetzung ist ein Dreifaches möglich:

1. Der Empfänger erklärt innerhalb der ihm gesetzten Frist die Annahme der Zuwendung. Dann kommt die Schenkung mit dem Augenblick der Annahme der Zuwendung zustande, weil nunmehr zu dem bereits vorhandenen einen Schenkungserfordernis der Zuwendung das bisher noch fehlende zweite Schenkungserfordernis der Einigung beider Beteiligter über die Zuwendung und ihre Unentgeltlichkeit durch die unentgeltliche Annahme hinzugetreten ist.

2. Der Empfänger erklärt innerhalb der ihm gesetzten Frist die Annahme der Zuwendung nicht. Dann gilt nach der ausdrücklichen Bestimmung des § 516 Abs. II BGB. die Annahme der Zuwendung nach Beendigung der Schwebezeit als erfolgt. Mit dem Ablauf der Frist läßt also die Rechtsvermutung des § 516 Abs. II BGB. zu der Zuwendung die Willenseinigung über die Zuwendung und ihre Unentgeltlichkeit hinzukommen und damit, wie im Falle unter 1. den Schenkungsvertrag entstehen[62]).

3. Der Empfänger erklärt innerhalb der ihm gesetzten Frist, daß er die Zuwendung nicht annehme[63]). In diesem Falle tritt zu dem bereits vorhandenen einen Schenkungserfordernis der Zuwendung das noch fehlende zweite Schenkungserfordernis der Willenseinigung der Beteiligten über die Zuwendung und ihre Unentgeltlichkeit nicht hinzu, eine Schenkung kommt also hier nicht zustande.

Für den Fall des Nichtzustandekommens der Schenkung gemäß § 516 Abs. II trifft nun das BGB. im gleichen Rechtssatz die Bestimmung: Das Zugewendete kann nach der seitens des Empfängers fristgerecht erfolgten Ablehnung der Annahme von dem Zuwendenden dem Empfänger gegenüber nach den Vorschriften über die Herausgabe einer ungerechtfertigten Bereicherung wieder zurückverlangt werden.

Die Zuwendung ist somit jedesmal, wenn die Zuwendung ohne den Willen des Empfängers erfolgte und es danach mangels einer Annahmeerklärung des Empfängers nicht zu einer Willenseinigung beider Beteiligter über die Zuwendung und ihre Unentgeltlichkeit gekommen ist, laut positiver Gesetzesbestimmung ohne rechtlichen

62) Oertmann (a. a. O., Erl. 6 b zu § 516 S. 446) will die Vorschrift des § 516 Abs. II BGB., wonach das Verstreichenlassen der Frist als Annahme der Schenkungszuwendung gilt, lediglich für die rein bereichernden, nicht aber auch für die unter einer Auflage erfolgenden Schenkungen gelten lassen, da das Gesetz schwerlich beabsichtigt haben könnte, daß dem zu „Beschenkenden" als Folge seines Schweigens auch eine Verpflichtung aufgedrängt werden könne.

63) Die Erklärung der Nichtannahme ist empfangsbedürftig im Sinne der §§ 130 ff. BGB. Vgl. hierzu Oertmann a. a. O., Erl. 6 c zu § 516, S. 446 und Staudinger a. a. O., Bd. II, Teil 1, Erl. II, 2 e zu § 516, S. 627.

Grund im Besitze des Empfängers. Daraus folgt, daß die Willenseinigung des Zuwendenden (des Schenkers) und des Empfängers (des Beschenkten) allein dasjenige Moment ist, welches dem tatsächlichen Akte der Zuwendung ein rechtliches Gepräge verleiht und welches uns — als die causa donationis — in der Zuwendung eine Schenkung zu sehen berechtigt[64]).

Unter Aufrechthaltung der oben gebrachten Definition der Willenseinigung als des inneren Schenkungsaktes (im Gegensatze zu der Zuwendung als dem äußeren Schenkungsakte) wird man daher zwar nicht mit Crome[65]) Willenseinigung und Schenkung als solche miteinander identifizieren dürfen, wohl aber muß man letzten Endes — mit einem anderen Wort Cromes[66]) — die Willenseinigung bezeichnen als den „immer gleichen schuldrechtlichen Rechtfertigungsgrund von Vermögensverschiebungen aller Art, die sonst mangels eines wirtschaftlichen Grundes regelmäßig als ungerechtfertigte Bereicherung des Empfängers nach § 812 BGB. zurückgeleistet werden müßten, so aber obligatorisch gedeckt und getragen werden." Diese Bewertung der Willenseinigung des Zuwendenden und des Empfängers über die Zuwendung und ihre Unentgeltlichkeit stimmt auch mit der Planckschen[67]) Definition der Willenseinigung überein, welche besagt: „Eine Zuwendung, durch die jemand aus seinem Vermögen einen anderen bereichert, umfaßt rechtliche Tatbestände verschiedener Art. Was alle diese Tatbestände zum einheitlichen Begriff der Schenkung verbindet, ist der zweite Begriffsbestandteil: die Einigung des Zuwendenden und des anderen Teils über die Unentgeltlichkeit der Zuwendung. In dieser, den Rechtsgrund der Zuwendung bildenden Einigung liegt das kennzeichnende Merkmal jeder Schenkung."

V. Faßt man alles Gesagte zusammen, so ergibt sich als Begriff der Schenkung des BGB. folgendes:

„Die Schenkung ist ein obligatorischer Vertrag unter Lebenden, der äußerlich dadurch zustande kommt, daß der eine Vertragsteil

---

64) So Oertmann a. a. O., Abs. 2 der Vorbem. zu § 516, S. 441.

65) Crome a. a. O., Bd. II, § 230, Abs. 2 S. 505.

66) Crome a. a. O., Bd. II, § 230, Abs. 1 S. 505.

67) Planck a. a. O., Bd. II, Erl. 1 zu § 516 S. 422.

durch eine rechtlich freiwillige Zuwendung aus seinem Vermögen den anderen bereichert, innerlich dadurch, daß beide Vertragsteile sich darüber einig sind, daß die Zuwendung von dem einen unentgeltlich gemacht, von dem anderen unentgeltlich angenommen werde."

§ 3.

Die Bedeutung und Berechtigung des § 517 BGB. im besonderen.

Zu den Vorschriften des § 516 BGB., welcher im ersten Absatz einheitlich für alle Arten und Abarten der Schenkung den allgemeinen Schenkungsbegriff und im zweiten Absatz in gleich allgemeiner Weise die Zuwendungsannahme für den Fall der noch ausstehenden Zustimmung des Empfängers regelt, treten in § 517 und § 518 Ergänzungsvorschriften hinzu. Während sich aber der Inhalt des § 518 nur auf die eine Art der Schenkung, nämlich das Schenkungsversprechen, bezieht, enthält der § 517 Ergänzungsvorschriften, die gleich den Bestimmungen des § 516 die beiden Arten der Schenkung, nämlich die Realschenkung und das Schenkungsversprechen, zum Gegenstande haben. Es ist daher gerechtfertigt, daß Fischer-Henle[68]) in ihrem Kommentar die §§ 516 und 517 unter der gemeinsamen Überschrift „Begriff der Schenkung" zusammenfassen.

Der § 516 und der § 517 BGB. unterscheiden sich in der Bedeutung lediglich darin, daß der § 517 eine Erläuterung und Einschränkung des in § 516 Abs. I festgelegten Schenkungsbegriffes ist. Und zwar ist der § 517 das Erstere durch das Zweite, d. h. der Paragraph erläutert den Schenkungsbegriff des § 516 Abs. I dadurch, daß er diesen Schenkungsbegriff einschränkt.

Die überwiegende Tendenz des § 517 ist mithin die erläuternde, während die einschränkende nur das Mittel zur Erläuterung ist. Die Motive[69]) bezeichnen deshalb ihrerseits ausschließlich die Erläuterung des Schenkungsbegriffs als den Zweck des (jetzigen) § 517 (des damaligen § 439 I. Entwurfs), indem sie sagen: „.... Die

68) Fischer-Henle a. a. O., S. 286—288.

69) Motive Bd. II, S. 290, Bemerkungen zu § 439.

Vorschrift dient im Interesse des praktischen Verständnisses zur Klarstellung des gesetzlichen Schenkungsbegriffes."

Demgegenüber heben aber die Kommentatoren mit Recht auch die einschränkende Bedeutung des § 517 BGB. hervor. So führt beispielsweise Staudinger[70]) aus: „Die vorstehende Gesetzesstelle dient zur einschränkenden Begrenzung des Schenkungsbegriffs", während Planck[71]) sagt: „Der § 517 verdeutlicht den gesetzlichen Schenkungsbegriff, indem er bestimmte Tatbestände von ihm ausschließt".

Daß diese Ausschließung bestimmter Tatbestände von dem Begriff der Schenkung auf dem Wege positiver, unbedingter Rechtssatzung geschieht, der § 517 mithin nicht etwa eine bloße Auslegungsregel für Zweifelsfälle enthält, ist allseits anerkannt[72]).

Daß ferner diese bestimmten Tatbestände nur als äußere Schenkungsakte, als schenkungsbegründende Zuwendungen im Sinne des § 516 Abs. I BGB. ausgeschlossen werden, versteht sich nach der oben gebrachten Definition des Schenkungsvertrags als des Produktes aus Zuwendung und Einigung von selbst. Die Worte „Eine Schenkung liegt nicht vor, wenn jemand zum Vorteil eines anderen usw." bedeuten daher, anders ausgedrückt, lediglich „Keine Schenkungszuwendungen sind die und die Rechtshandlungen".

Welche Rechtshandlungen sollen nun als äußere Schenkungsakte nach der Bestimmung des § 517 nicht in Betracht kommen?

Zur Beantwortung dieser Frage sei der Wortlaut des § 517 BGB. hierhergesetzt:

„Eine Schenkung liegt nicht vor, wenn jemand zum Vorteil eines anderen einen Vermögenserwerb unterläßt oder auf ein angefallenes, noch nicht endgültig erworbenes Recht verzichtet oder eine Erbschaft oder ein Vermächtnis ausschlägt."

---

70) Staudinger a. a. O., Bd. II, 1. Teil, Erl. 1 zu § 517, S. 627.

71) Planck a. a. O., Bd. II, Erl. 1 zu § 517, S. 427.

72) Vgl. Prot. Bd. II, Bem. zu § 439, S. 9; Oertmann a. a. O., Erl. 4 zu § 517, S. 448; Staudinger a. a. O., Erl. 5 zu § 517, S. 629 u. a. m.

Der § 517 BGB. erklärt also ein Dreifaches[73]) als nicht schenkungsbegründend:

1. die Unterlassung eines Vermögenserwerbs zum Vorteil eines anderen,

2. den Verzicht auf ein angefallenes, noch nicht endgültig erworbenes Recht zum Vorteil eines anderen,

3. die Ausschlagung einer Erbschaft oder eines Vermächtnisses zum Vorteil eines anderen.

Die Begründung der Vorschriften des § 517 BGB. muß von vorneherein zwischen der Rechtfertigung der ersten beiden Tatbestände und der Rechtfertigung der Schlußbestimmung des Paragraphen unterscheiden.

Die Ausschließung der beiden ersten Tatbestände des § 517 von den schenkungsbegründenden Zuwendungen ist nicht nur praktisch als negative Erläuterung des in § 516 Abs. I festgestellten Schenkungsbegriffs und historisch als eine bereits in früheren Gesetzen[74]) aufgeführte Bestimmung, sondern auch rechtlich-dogmatisch als eine Konsequenz des § 516 Abs. I BGB. gerechtfertigt.

Für die Unterlassung eines Vermögenserwerbs und den Verzicht auf ein angefallenes, noch nicht endgültig erworbenes Recht zum Vorteil eines anderen ergibt sich ja bereits aus der Definition des § 516 Abs. I BGB., wonach zum Vorhandensein einer Schenkung eine Zuwendung „aus dem Vermögen" des Zuwendenden gehört,

---

73) Der I. Entwurf des BGB. ging in dieser Beziehung weiter: Er schloß in § 439 außer den drei Tatbeständen des heutigen § 517 BGB. auch die Leistung und das Aufgeben einer Sicherheit (Bürgschaft, Pfandrecht usw.) zum Vorteil eines anderen von den schenkungsbegründenden Zuwendungen aus.

Die 1. Kommission ließ jedoch diesen Teil des § 439 weg mit der Motivierung, die gestrichenen Bestimmungen seien teils selbstverständlich, teils aber zu weitgehend, da sowohl die Bestellung als auch die Aufgabe einer Sicherheit unter Umständen als ein Schenkungsakt aufgefaßt werden könne.

Über die Berechtigung dieser Anschauung der Kommission siehe die Ausführungen auf S. 19 f. dieser Schrift.

74) Vgl. Preußisches Allgem. Landrecht, § 1039; Österreich. Allgem. bürgerliches Gesetzbuch § 939; Code civil § 943; Badisches Landrecht § 943; Hessischer Entwurf, II. Buch, Art. 94 Abs. II; Bayer. Entwurf, I. Teil, Art. 92 Abs. III; Dresdener Entwurf, § 500 Abs. I; Sächs. Bürgerl. Gesetzbuch, § 1051.

die Unmöglichkeit einer Schenkungsannahme. Denn eine Vermögensentäußerung, eine Vermögensverminderung, ist es sicherlich nicht für den Zuwendenden, wenn dieser zum Vorteil eines anderen auf etwas, was er noch gar nicht oder noch nicht endgültig besitzt, verzichtet. Es versteht sich also im Hinblick auf § 516 Abs. I BGB. von selbst, daß die in § 517 BGB. an erster Stelle genannten Handlungen keine Schenkungsakte sind.

Eine Schwierigkeit kann höchstens bereiten, was alles unter dem Unterlassen eines Vermögenserwerbs bezw. unter dem Verzicht auf angefallene, noch nicht endgültig erworbene Rechte in § 517 zu verstehen sei. Nach beiden Richtungen hin sind folgende Bemerkungen am Platz:

Das Unterlassen eines Vermögenserwerbs im Sinne des § 517 BGB. begreift außer den Fällen, in denen ein unmittelbarer Erwerb einer Sache oder eines Rechtes unterlassen wird, auch jene Fälle in sich, in denen Rechtshandlungen nicht vorgenommen werden, die lediglich die Möglichkeit eines Sach- oder Rechtserwerbs in sich schließen. Keine Schenkung ist daher gemäß § 517 die Unterlassung einer Anfechtung wegen Willensmangels, die Nichtannahme eines Vertragsantrags, die Verweigerung der Genehmigung zu einem Rechtsgeschäft und schließlich die Versäumung von Fristen, selbst wenn diese zum Vorteil eines Dritten versäumt würden[75]).

Das Unterlassen eines Vermögenserwerbs im Sinne des § 517 BGB. umfaßt dagegen nach der zweifellos gerechtfertigten Ansicht der herrschenden Meinung jene Fälle nicht, in denen jemand zum Vorteil eines anderen irgend einen Teil seines Vermögens, der ihm bei eigener Nutzung oder eigenem Gebrauch bestimmungsgemäß Einkünfte bringt, einem anderen zur Nutzung oder zum Gebrauch überläßt. Z. B.: der Eigentümer eines Gartens erlaubt jemandem das im Garten wachsende Obst sich unentgeltlich anzueignen, obwohl

75) So Staudinger a. a. O., Bd. II, 1. Teil, Erl. 3 zu § 517, S. 628.

Fast ebenso Kuhlenbeck a. a. O., Bd. I, Erl. zu § 517, letzter Absatz, S. 426.

der Eigentümer das Obst geradesogut anderweitig gewinnbringend verkaufen kann und bisher auch stets gewinnbringend verkauft hat; oder: ein Hausbesitzer gestattet einem Bekannten, in seinem Hause unentgeltlich eine Wohnung zu bewohnen, die der Hausbesitzer geradesogut anderweitig gewinnbringend vermieten könnte und bisher auch immer vermietet hat. In beiden Fällen handelt es sich nicht um das Unterlassen eines erst zu machenden Vermögenserwerbs, wie es der § 517 vorsieht, sondern um einen den anderen bereichernden Verzicht des Vermögensbesitzers auf Einkünfte aus einem Stück seines Vermögens, die im Augenblick des Verzichts nicht erst zu erwerben, sondern für den Besitzer mit dem Vermögensstück bereits vorhanden und Teile seines Gesamtvermögens sind[76]). Ein solcher Verzicht auf Vermögenseinkünfte ist — wie bereits im II. Abschnitt dieser Schrift auseinandergesetzt wurde — geradesogut wie der Verzicht auf den Stamm des Vermögens, dann, wenn der Verzicht im Einverständnis des Verzichtenden und des durch den Verzicht Bereicherten unentgeltlich erfolgt, eine Schenkung.

Bloßes Unterlassen eines Vermögenserwerbs im Sinne des § 517 BGB. ist es ferner nicht, wenn jemand einem anderen unentgeltlich Dienste leistet und sich durch diese Dienstleistung — wie Oertmann sinnfällig sagt — „eine Verdienstquelle verstopft". Z. B.: ein Privatlehrer, der von dem Ertrag seiner Unterrichtsstunden lebt, erteilt jemandem aus Gefälligkeit unentgeltlichen Unterricht. Hier liegt — die Einigung beider Teile über die Unentgeltlichkeit des Unterrichts vorausgesetzt — nach der richtigen Ansicht Schenkung vor, da der Empfänger der Dienstleistung, insoweit als

76) Vgl. Dernburg, Das bürgerliche Recht, Bd. II, 2. Abteilung, § 205 S. 143: „. . . . . in jenen Fällen gibt man (aber) den Ertrag seines bereits erworbenen Vermögens auf, was etwas anderes ist als neuer Zuwachs . . . . ."

Der gleichen Ansicht sind: Staudinger a. a. O., Erl. 3 c zu § 516, S. 624; Planck a. a. O., Erl. 2 zu § 516, S. 423 und Erl. 1 a zu § 517, S. 427; Oertmann a. a. O., Erl. 3 zu § 516, S. 444 und Erl. 3 zu § 517, S. 447; Crome a. a. O., Bd. II, § 230, S. 505/506 u. a. m. Nur mit Einschränkung zustimmend: Cosack a. a. O., Bd. I, § 139, I, 1 d, S. 485, welcher nur in ganz seltenen Fällen der unentgeltlichen Überlassung von Vermögenseinkünften eine Schenkung annimmt.

ihm durch die unentgeltliche Dienstleistung eine Ausgabe erspart wird, eine Bereicherung erfährt und der Dienstleistende gleichzeitig durch den Verzicht auf die Einkünfte, die er regelmäßig, nicht etwa nur gelegentlich, aus dem Vermögensgut seiner Arbeitskraft zieht, sein Gesamtvermögen verringert[77]).

Zu den angefallenen, noch nicht endgültig erworbenen Rechten des § 517 BGB. gehören nach der richtigen Ansicht[78]) die aufschiebend bedingten Rechte, weil diese gemäß § 158 BGB. erst mit dem Eintritt der Bedingung wirksam werden, so daß ein endgültiger Erwerb solcher Rechte während der Schwebezeit bis zum Eintritt der Bedingung ausgeschlossen ist.

Betagte (befristete) Rechte[79]) zählen dagegen nicht unter die angefallenen, noch nicht endgültig erworbenen Rechte des § 517, ebenso nicht der mit dem Tode des Erblassers gemäß § 2317 BGB.

---

77) Mit der obigen Darstellung übereinstimmend siehe: Oertmann a. a. O., Erl. 3 zu § 516, S. 444 und Erl. 3 zu § 517, S. 447; Staudinger a. a. O., Bd. II, Teil 1, Erl. 3 b zu § 516, S. 624; Dernburg a. a. O., Bd. II, 2. Abteilung, § 205, S. 143 u. a. m. Entgegengesetzter Ansicht sind Cosack a. a. O., Bd. I, § 139, I, 1 d, S. 485 und Planck a. a. O., Bd. II, Erl. 2 zu § 516, S. 423, welche beide mit Unrecht in der unentgeltlichen Verrichtung von Diensten und Arbeiten zugunsten eines anderen eine Vermögensverminderung des Dienste- oder Arbeitsleistenden selbst dann nicht zu erblicken vermögen, wenn es sich um Dienste oder Arbeiten handelt, die sonst bezahlt zu werden pflegen und die gerade der betreffende Dienste- oder Arbeitsleistende sich sonst regelmäßig bezahlen läßt. Den insbesonders von Planck a. a. O. unter anderem hervorgehobenen, scheinbar bestehenden Gegensatz zwischen „Einkünften des Vermögens" und „Ertrag der Arbeit" dürfte Oertmann durch den Hinweis, daß auch die Arbeitskraft ein für den Arbeitsleistenden bereits vorhandenes „Vermögensgut" sei, mit Recht verneint haben.

78) Allseits anerkannt; vgl. z. B. Crome a. a. O., Bd. II, § 230, S. 506, Note 20; Planck a. a. O., Bd. II, Erl. 1 a zu § 517, S. 427; Oertmann a. a. O., Erl. 1 a zu § 517, S. 447; Staudinger a. a. O., Bd. II, Teil 1, Erl. 2 b zu § 517, S. 628 u. a. m. Oertmann zählt a. a. O. zu den angefallenen, noch nicht erworbenen Rechten sehr richtig auch das Vorkaufsrecht.

79) Allseits anerkannt; vgl. z. B. Planck a. a. O., Bd. II, Erl. 1 a zu § 517, S. 427; Oertmann a. a. O., Erl. 2 zu § 517, S. 447; Staudinger a. a. O., Erl. 2 b zu § 517, S. 628 u. a. m.

entstandene Pflichtteilsanspruch[80]), ebenso auch nicht der Anspruch auf künftige, noch nicht fällige Zinsen[81]). In allen diesen Verzichtsfällen liegt — wie übereinstimmend anerkannt wird — Schenkung vor und zwar deswegen, weil es sich hier um lauter bereits vorhandene und endgültig erworbene, wenn auch noch nicht fällige Rechte handelt. Den Schenkungserfordernissen der Zuwendung und der Einigung entsprechend müssen, um eine Schenkung zu begründen, der Verzicht auf betagte Rechte oder auf den bereits entstandenen Pflichtteilsanspruch, ebenso wie der Erlaß künftiger, versprochener, noch nicht zahlbarer Zinsen, im Einverständnis des Verzichtenden und des Empfängers selbstverständlich unentgeltlich erfolgen. Der Schenkungscharakter des unentgeltlichen Erlasses noch nicht fälliger Zinsen war übrigens im Gemeinen Rechte sehr bestritten, aber zu Unrecht, denn der unentgeltliche Erlaß künftiger, versprochener Zinsen wendet dem Zinsenschuldner in bereichernder Weise auf Kosten des Vermögens des Gläubigers die Befreiung von einer Schuld zu, wobei beide Teile über die Unentgeltlichkeit dieser Zuwendung einig sind: die Erfordernisse des Schenkungsbegriffes sind damit erfüllt.

Soviel über die Berechtigung und begriffliche Begrenzung der beiden ersten Tatbestände des § 517 BGB.

Was sodann die an dritter Stelle im § 517 BGB. genannte Ausschlagung einer Erbschaft oder eines Vermächtnisses zum Vorteil eines anderen betrifft, so soll die Frage, ob der § 517 BGB.

---

80) Über den Schenkungscharakter des Verzichtes auf den bereits entstandenen Pflichtteilsanspruch vgl. — mit obigem übereinstimmend — Staudinger a. a. O., Bd. II, Teil 1, Erl. 2 a zu § 517, S. 628; Oertmann a. a. O., Erl. 1 b zu § 517, S. 447; Planck a. a. O., Bd. II, Erl. 1 b zu § 517, S. 427; ferner Motive Bd. II, Bem. zu § 439, S. 290.

Der Verzicht auf den Pflichtteilsanspruch zu Lebzeiten des Erblassers ist dagegen, weil hier der Pflichtteilsanspruch gemäß § 2317 Abs. I BGB. noch nicht entstanden ist, mithin noch nicht Vermögensbestandteil des Verzichtenden geworden ist, kein Schenkungsakt.

81) Vgl. hierzu besonders Planck a. a. O., Bd. II, Erl. 1 a zu § 517, S. 427; ferner Motive Bd. II, Bem. zu § 439, S. 290; Oertmann a. a. O., Erl. 2 zu § 517, S. 447; Staudinger a. a. O., Bd. II, Teil 1, Erl. 2 b zu § 517, S. 628 u. a. m.

mit Recht in einer derartigen Erbschafts- bezw. Vermächtnisausschlagung keinen Schenkungsakt sieht, erst im übernächsten Abschnitt (§ 5) dieser Schrift behandelt werden. Im nächsten Abschnitt (§ 4) sei als notwendige Voraussetzung der Rechtfertigung der Schlußvorschrift des § 517 BGB. eine begriffliche Darstellung der Erbschafts- bezw. Vermächtnisausschlagung nach früherem und jetzigem Recht voraufgeschickt.

§ 4.
Der Begriff der Ausschlagung einer Erbschaft oder eines Vermächtnisses nach früherem und jetzigem Recht.

Die Ausschlagung einer Erbschaft und die Ausschlagung eines Vermächtnisses sind zwei äußerlich gleich gebaute, innerlich wesensverwandte Rechtsinstitute des BGB., die aus dem Römischen Erbrechte herstammen und ihrer Entstehung nach aus dessen Besonderheiten erklärt werden müssen.

I. Nach Römischem Rechte[82]) ging eine Erbschaft mit dem Tode des Erblassers nicht ohne weiteres auf den Erben über. Es entstand vielmehr mit diesem Zeitpunkt nur die Berufung des zukünftigen Erben zur Erbschaft (delatio hereditatis), d. i. die rechtliche Möglichkeit für den Berufenen, in der Zukunft Erbe zu werden.

Um diese Möglichkeit zu realisieren, d. i. wirklich Erbe zu sein, bedurfte es seitens des Berufenen eines Erbschaftserwerbs (acquisitio hereditatis), der von der Delation scharf zu scheiden ist. Er war auf zwei Arten möglich:

---

82) Über Erbschaft und Vermächtnis im römischen Recht, ihren Erwerb und ihre Ausschlagung, vgl. für die obigen Darlegungen u. a.: von Czyhlarz, Lehrbuch der Institutionen des römischen Rechtes, § 142, S. 353 ff. und § 152 S. 382 ff.; Salkowski, Institutionen, § 191, S. 519 ff. und §§ 199 ff., S. 538 ff., insbes. § 203, S. 546 ff.; Sohm, Institutionen, § 109, S. 497 ff. und § 115, S. 556 ff.; Engelmann a. a. O., § 303, S. 787 ff. und § 320, S. 814 ff. und § 324, S. 821 ff.

Bezüglich des Erwerbs und der Ausschlagung von Erbschaft und Vermächtnis im gemeinen Recht, das im wesentlichen mit dem römischen Rechte übereinstimmt, vgl. Windscheid-Kipp a. a. O., § 594 S. 408 ff., § 623 S. 543 ff., **insbesondere §§ 646, 647 S. 609 ff.**

Die sogenannten heredes necessarii (auch domestici genannt), nämlich: die hausangehörigen agnatischen Deszendenten (die sui) des Erblassers und die letztwillig frei werdenden, bedachten Sklaven des Erblassers, erwarben die ihnen durch die Delation angebotene Erbschaft ohne ihr Wissen und Wollen, ipso jure;

die übrigen Berufenen (heredes voluntarii oder extranei) erwarben die Erbschaft kraft eigenen Willens, durch die Antretung der Erbschaft (aditio hereditatis).

Diese konnte entweder stillschweigend dadurch vorgenommen werden, daß sich der Berufene irgendwie als Erbe betätigte (die sog. pro herede gestio vornahm) oder durch die ausdrückliche, wenn auch formlose Erklärung des Berufenen, Erbe sein zu wollen.

Wollte dagegen der heres voluntarius die Erbschaft nicht annehmen, so unterließ er die Antretung der Erbschaft und schlug entweder durch irgend eine konkludente Kundgebung oder ausdrücklich die Erbschaft aus (repudiatio hereditatis).

Erst mit der Antretung oder der Ausschlagung der Erbschaft war also die Frage entschieden, ob der Berufene den Erblasser beerbe. Begrifflich war demnach die römischrechtliche Erbschaftsausschlagung, da der Berufene durch sie auf etwas verzichtete, was er noch nicht zu Eigentum besaß, aber als sein Eigentum erwerben konnte, ein Verzicht auf einen zukünftigen Vermögenserwerb.

II. Die gleiche Bedeutung kommt auch der Vermächtnisausschlagung im Römischen Rechte zu. Nach Römischem Rechte erwarb der Vermächtnisnehmer mit dem Tode des Vermächtnislassers das Vermächtnis noch nicht, da — wie gezeigt — die Person des Vermächtnisbeschwerten Erben im Augenblick des Todes des Erb- und Vermächtnislassers noch nicht feststand. Mit dem Tode des Erblassers (dem dies cedens legati) fiel lediglich das Vermächtnis dem Vermächtnisnehmer dergestalt an, daß ihm von diesem Augenblick an die Anwartschaft auf das Vermächtnis, d. i. der Rechtsanspruch, eines Tages das Vermächtnis zu erwerben, zustand. Erst mit der Antretung der Erbschaft durch den Erben (dem dies veniens legati) wurde das vermachte Recht selbst rechtswirksam gegenüber dem nunmehr feststehenden Vermächtnisbeschwerten erworben und zwar von Rechts wegen, nicht wie die Erbschaft kraft eigenen Willens: der

Vermächtnisnehmer konnte das Vermächtnis jetzt ohne weiteres von dem Beschwerten herausverlangen. Je nach dem Gegenstand des Vermächtnisses hatte der Vermächtnisnehmer hierbei ein persönliches oder ein dingliches Forderungsrecht gegen den Beschwerten[83]).

Hatte jedoch der Erblasser das Vermächtnis unter einer Bedingung oder unter Bestimmung eines Anfangstermins dem Bedachten vermacht, dann fiel selbstverständlich der dies veniens legati nicht schlechtweg mit der Antretung der Erbschaft durch den Erben zusammen, d. h. das Vermächtnis wurde unter Umständen erst lange Zeit nach der Antretung der Erbschaft durch den Vermächtnisbeschwerten Erben vom Vermächtnisnehmer erworben.

Mochte nun aber das Vermächtnis vom Vermächtnisnehmer mit oder nach dem Erbschaftsantritt des Erben erworben werden, auf alle Fälle konnte der Vermächtnisnehmer in der Zwischenzeit zwischen dem Anfall und dem Erwerb des Vermächtnisses das Vermächtnis ausschlagen (repudiatio legati). Diese Vermächtnisausschlagung des Römischen Rechtes war begrifflich, da der Vermächtnisnehmer auf ein erst zu erwerbendes Recht verzichtete, ein Verzicht auf einen zukünftigen Vermögenserwerb.

Soviel über die Anschauungen des Römischen Erbrechts, das infolge seiner scharfen Scheidung zwischen Anfall und Erwerb einer Erbschaft oder eines Vermächtnisses notwendigerweise die Möglichkeit einer Erbschafts- bezw. Vermächtnisausschlagung in der oben dargelegten Bedeutung mit sich bringen mußte. Das heutige Erbrecht des Bürgerlichen Gesetzbuchs geht von wesentlich anderen Gesichtspunkten aus und hat demgemäß auch den Begriff und die

---

83) So war es wenigstens im justinianischen und im gemeinen Rechte. Das ältere römische Recht gab dagegen je nach der Form, in welcher das Vermächtnis vermacht war, dem Vermächtnisnehmer entweder ein persönliches oder ein dingliches Recht gegen den beschwerten Erben. So begründeten die legata nur in der Form des legatum per vindicationem und des leg. per praeceptionem ein unmittelbares dingliches Forderungsrecht des Bedachten; das leg. per damnationem und das leg. sinendi modo begründeten hingegen, gleich den fideicommissa, nur eine obligatorische (rein persönliche) Forderung des Bedachten gegen den Erben. Die dingliche Wirkung des leg. per praeceptionem war übrigens lebhaft bestritten.

Bedeutung der aus dem Römischen Rechte übernommenen Erbschafts- und Vermächtnisausschlagung wesentlich umgestaltet.

III. Nach § 1922 BGB. geht mit dem Tode einer Person (dem Erbfall) deren Vermögen (die Erbschaft) als Ganzes auf einen oder mehrere andere (den oder die Erben) über. In diesem an die Spitze aller erbrechtlichen Bestimmungen gestellten Satze hat das BGB. ausdrücklichst das deutschrechtliche Prinzip „Der Tote erbt den Lebenden" wiederaufgenommen und sich in direkten Gegensatz zum Römischen Erbrecht gestellt, da es nicht mehr wie dieses zwischen Anfall und Erwerb der Erbschaft unterscheidet, sondern den oder die Erben die Erbschaft kraft Gesetzes mit dem Tode des Erblassers rechtsgültig erwerben läßt.

Da es aber unbillig wäre, jemand gegen seinen Willen eine vielleicht sehr verschuldete oder sonstwie — aus welchem Grund auch immer — mißliebige Erbschaft erben zu lassen, hat das BGB. in § 1942 Abs. I mit § 1944 die ergänzende Bestimmung getroffen: Die Erbschaft geht auf den berufenen Erben unbeschadet des Rechtes über, sie innerhalb sechs Wochen nach dem Eintritt des Erbfalls auszuschlagen. Mit diesem Satze ist auch im heutigen Recht der freie Wille des Erwerbenden gebührend berücksichtigt.

Das BGB. ist aber gleichwohl in seiner Schonung des freien Willens des Erben noch weiter gegangen: Nach § 1943 BGB. kann der Erbe die von ihm bereits mit dem Tode des Erblassers erworbene Erbschaft noch überdies — durch konkludente Handlung oder durch ausdrückliche Willenserklärung — „annehmen". Als solche „Annahme" gilt es auch, wenn der Erbe sechs Wochen nach dem Erbfall die Ausschlagung der Erbschaft nicht erklärt hat.

Die Tatsache, daß die Erbschaft im BGB. bereits mit dem Erbfall erworben wird, steht aber jedenfalls, trotz der Wiedereinführung einer Annahme im heutigen Recht, im Hinblick auf das in § 1922 Abs. I ausgesprochene leitende Prinzip des jetzigen Erbrechtes fest[84]).

84) Über die Auffassung des Erbschaftserwerbs nach § 1922 Abs. I BGB. als eines vorläufigen, nicht endgültigen weil nur formellen, nicht aber materiellen Erwerbs siehe nächsten Abschnitt (§ 5) dieser Schrift.

Die Erbschaftsausschlagung des BGB. ist demnach ein Verzicht des Erben auf einen bereits erworbenen Vermögensbestandteil.

IV. Dasselbe gilt hinsichtlich der Ausschlagung eines Vermächtnisses im BGB. Nach §§ 2174 mit 2176 des Gesetzes erwirbt der Vermächtnisnehmer (der Bedachte) bereits mit dem Tode des Erblassers — von den Ausnahmefällen der §§ 2177, 2178 abgesehen — das Recht, von dem Beschwerten die Leistung des vermachten Gegenstandes zu fordern. Das BGB. steht mit dieser Regelung des Vermächtniserwerbs in ausgesprochenem Gegensatz zum Römischen Erbrecht, welches — wie gezeigt[85] — das obligatorische (persönliche) Forderungsrecht des Bedachten zwar auch von Rechts wegen, aber nicht schon mit dem Erbfall, sondern erst später mit der Erbschaftsantretung entstehen ließ. Die weitere römische Bestimmung, wonach in gewissen Fällen mit dem Antritt der Erbschaft ein unmittelbares dingliches Eigentumsrecht des Bedachten an dem vermachten Gegenstand begründet wurde, hat das BGB. mit guten Gründen[86] überhaupt verworfen.

Da nun aber niemand ein Vermächtnis gegen seinen Willen bekommen soll, hat das BGB. auch hinsichtlich der Vermächtnisse eine Ausschlagungsmöglichkeit zugelassen, die aber — anders wie die Erbschaftsausschlagung — nicht an eine Frist gebunden ist (§§ 2176 ff.).

Ganz wie bei der Erbschaftsausschlagung spricht das BGB. indessen auch bei der Vermächtnisausschlagung von einer der Ausschlagungsmöglichkeit entgegengesetzten „Annahmemöglichkeit".

Jedenfalls ist aber trotz dieser Annahmemöglichkeit die Vermächtnisausschlagung dem Grundprinzip des § 2176 BGB. entsprechend begrifflich ein Verzicht des Vermächtnisnehmers auf einen bereits seit dem Tode des Vermächtnislassers erworbenen Ver-

85) Vgl. die Ausführungen im Text und in der Fußnote auf S. 38 f. dieser Schrift.

86) Siehe Motive Bd. V, S. 133 ff., S. 176 ff.; ferner Protokolle, Bd. V, S. 201 ff., insbes. S. 207—210.

mögensbestandteil, als welchen sich das Forderungsrecht des Vermächtnisnehmers ohne Zweifel qualifiziert[87]).

§ 5.

Die Berechtigung der Schlußbestimmung des § 517 BGB.: „Eine Schenkung liegt nicht vor, wenn jemand zum Vorteil eines anderen eine Erbschaft oder ein Vermächtnis ausschlägt".

Nachdem im vierten Abschnitt dieser Schrift die rechtliche Bedeutung der Ausschlagung einer Erbschaft oder eines Vermächtnisses nach altem und neuem Rechte auseinandergesetzt worden ist, kann im folgenden die im dritten Abschnitt dieser Schrift begonnene Würdigung des § 517 BGB. zu Ende gebracht und die hinsichtlich ihrer Berechtigung oben noch nicht besprochene Schlußbestimmung des genannten Paragraphen einer kritischen Betrachtung unterzogen werden.

Auf die Bedeutung der Schlußbestimmung des § 517 BGB. braucht nachstehend nicht mehr eingegangen zu werden, da die Bedeutung des ganzen § 517 einschließlich der Schlußbestimmung schon im dritten Abschnitt dieser Schrift[88]) eingehend dargelegt worden ist.

Nur die eine Bemerkung dürfte an dieser Stelle noch einmal gesondert zu wiederholen sein, daß nämlich die Schlußbestimmung des § 517 analog den übrigen Vorschriften des Paragraphen nur besagt: Die Erbschafts- bezw. Vermächtnisausschlagung zum Vorteil eines anderen ist kein äußerer Schenkungsakt, d. h. keine Zuwendung im Sinne des § 516 Abs. I BGB. Nicht besagt dagegen die Schlußvorschrift des § 517, daß die einen anderen begünstigende Erbschafts- bezw. Vermächtnisausschlagung keine Schenkung als solche, d. h. kein aus Zuwendung und Einigung sich zusammensetzender Schenkungsvertrag sei; einen solchen Inhalt der Schlußbestimmung des § 517 BGB. beizulegen, geht schon deswegen nicht an, weil die Schenkung

87) Über die Auffassung des Vermächtniserwerbs nach § 2176 BGB. als eines vorläufigen, nicht endgültigen weil nur formellen, nicht aber materiellen Erwerbs siehe nächsten Abschnitt (§ 5) dieser Schrift.

88) Siehe die Ausführungen auf S. 30—32 dieser Schrift.

als Vertrag nach § 516 BGB. mit einem einseitigen Rechtsgeschäft, wie es die Erbschafts- bezw. die Vermächtnisausschlagung ist, logischerweise nicht in Vergleich gesetzt werden kann.

Im Gegensatze zu der Bedeutung der Schlußbestimmung des § 517 BGB. ist — wie gesagt — im folgenden die Berechtigung dieser Bestimmung festzustellen. Vor allem muß man hierbei — wie im allgemeinen hinsichtlich der Berechtigung einer jeden Rechtssatzung, so auch bei der Schlußbestimmung des § 517 BGB. im besondern — zwischen der praktischen, der historischen und der juristischen Begründung des Rechtssatzes unterscheiden. Der auf praktischen und historischen Erwägungen sich aufbauende Nachweis der Berechtigung bereitet nun im vorliegenden Falle keine sonderlichen Schwierigkeiten; die juristisch-theoretische Konstruktion der Berechtigung des Satzes „Ein Schenkungsakt liegt nicht vor, wenn jemand zum Vorteil eines anderen eine Erbschaft oder ein Vermächtnis ausschlägt" ist jedoch ein rechtliches Problem, das auf verschiedene Weise zu lösen versucht wurde.

Was zunächst die praktischen Gründe anlangt, aus denen der Gesetzgeber sich berechtigt oder genötigt sah, die Nichtanerkennung der Erbschafts- und Vermächtnisausschlagung als eines Schenkungsaktes in den § 517 aufzunehmen, so ist hier folgendes zu bemerken:

Die Schlußbestimmung des § 517 BGB. hat — außer dem allgemeinen Zweck der Erläuterung und Einschränkung des in § 516 Abs. I BGB. festgestellten Schenkungsbegriffes — gleich den Vorschriften der §§ 1953 Abs. I, II und 2180 Abs. III BGB. den besonderen Zweck, die Ausschlagung einer Erbschaft oder eines Vermächtnisses gegen Anfechtungen sicherzustellen. Ohne die Schlußbestimmung des § 517[89]) im Zusammenhalt mit der Fiktion der

89) Auch das Reichsgericht zieht ausweislich der bereits erwähnten Entscheidung in Bd. 54, S. 289 ff. den § 517 im Zusammenhalt mit anderen, namentlich erbrechtlichen Bestimmungen des BGB. als weiteren Beleg dafür heran, daß bei einem unter der Herrschaft des BGB. eingetretenen Erbfall die Ausschlagung der Erbschaft der Anfechtung seitens der Gläubiger des Erben nicht unterliege.

Das OLG. Colmar hingegen stützt als Unterinstanz in der gleichen Sache denselben Nachweis leider nur auf § 1953 BGB., ohne des § 517 Erwähnung zu tun (OLG. Bd. 6, S. 67).

§§ 1953 Abs. I, II und 2180 Abs. III BGB. könnte die Ausschlagung einer Erbschaft oder eines Vermächtnisses, wenn sie vom Konkursschuldner kurz vor der Konkurseröffnung oder während des Konkurses vorgenommen worden ist, von den Konkursgläubigern als eine schenkungsweise Zuwendung d. i. eine unentgeltliche Verfügung des Konkursschuldners über Bestandteile seines Vermögens zur Bereicherung eines Dritten, auf Grund des Anfechtungsgesetzes vom 21. Juli 1879 (nunmehr vom 20. Mai 1898) in der Tat angefochten werden. Diese Befürchtung sprechen auch die Protokolle in Bd. II S. 8 ff. in den Bemerkungen zu § 439 des I. Entwurfs (jetzigen § 517 BGB.) bezüglich der Erbschaftsausschlagung mit den Worten aus: „Anlangend die Ausschlagung einer Erbschaft, so erscheine es nicht geraten, das Moment der Schenkung hineinzutragen, damit nicht die Spekulation der Gläubiger auf die dem Schuldner anfallende Erbschaft begünstigt werde."

Ein auf dem Wege der Anfechtung geltend zu machender Anspruch der Gläubiger des Erben (bezw. des Vermächtnisnehmers) auf das Erbe (bezw. das Vermächtnis) würde übrigens das Ausschlagungsrecht des Erben (bezw. des Vermächtnisnehmers) überhaupt illusorisch machen. Da aber die Willensfreiheit des Erben oder Vermächtnisnehmers, eine Erbschaft oder ein Vermächtnis anzunehmen bezw. abzulehnen, nach dem heute anerkannten Grundsatz unter keinen Umständen geschmälert werden darf, so ist zu urteilen, daß die Schlußvorschrift des § 517 BGB., deren Zweck gerade der ist, dem Erben oder Vermächtnisnehmer die selbständige und in der Zukunft unanfechtbare Verfügung über das ihm angefallene Erbe oder Vermächtnis zu ermöglichen, praktisch als durchaus berechtigt erscheint.

Auch historisch läßt sich die Schlußbestimmung des § 517 BGB. ohne weiteres rechtfertigen. Sie ist aus dem römischen Rechte herübergenommen, das — wie gezeigt — die Erbschaftsausschlagung und die Vermächtnisausschlagung begrifflich nicht als Schenkungsakte ansehen konnte, da die Erbschaft nach Römischem Rechte nicht wie heute bereits mit dem Tode des Erblassers in das Vermögen des Erben überging, sondern bis zur formellen Antretung oder Ausschlagung seitens des Erben herrenlos war, wie auch das Vermächtnis nicht schon vom Tode des Vermächtnislassers, sondern erst vom dies veniens an, dem Vermächtnisnehmer zustand. Auf Grund gleicher erbrechtlicher Anschauungen war wie im Römischen Rechte auch im Gemeinen Rechte und in den meisten deutschen Landesprivatrechten[90]) notwendigerweise die Erbschafts- bezw. Vermächtnisausschlagung nicht als Schenkungsakt zu behandeln.

Ganz anders stellt sich dagegen die Erbschafts- bezw. die Vermächtnisausschlagung nach dem BGB. dar. Die theoretisch-rechtliche Begründung des Satzes „Eine Schenkung liegt nicht vor, wenn jemand zum Vorteil eines anderen eine Erbschaft oder ein Vermächtnis ausschlägt" kann sich dem heutigen Gesetze gegenüber nicht mehr wie zur Zeit des Gemeinen Rechts usw. darauf stützen, daß eine Erbschaft oder ein Vermächtnis nicht mit dem Anfall bereits in das Vermögen des Erben bezw. des Vermächtnisnehmers übergegangen sei. Es werden vielmehr heute nach §§ 1922, 1942 und 2176 BGB. Erbschaft und Vermächtnis (richtiger: das durch das Vermächtnis begründete Forderungsrecht des Vermächtnisnehmers) von dem Erben bezw. dem Vermächtnisnehmer sofort mit dem Tode des Erblassers rechtlich von selbst erworben. Nach diesem Prinzip — dem sog. Anfallsprinzip — ist daher notwendigerweise anzunehmen, daß Erbschaft und Vermächtnis zur Zeit der Ausschlagung bereits Teile des Vermögens des Ausschlagenden geworden sind, so daß sich die Ausschlagung als eine einen anderen bereichernde Zuwendung aus dem Vermögen des Zuwendenden, mit einem Worte: als Zuwendung im Sinne des § 516 Abs. I BGB., qualifiziert, welche die Einigung beider Parteien über ihre Unentgeltlichkeit vorausgesetzt — eine Schenkung[91]) begründen würde.

Das Vorliegen einer Schenkung im Falle der Ausschlagung einer Erbschaft oder eines Vermächtnisses ist aber im § 517 BGB. ausdrücklich negiert.

90) Eine Antretung der Erbschaft durch den Erben (und Vermächtnisbeschwerten) wie im römischen und gemeinen Rechte verlangte z. B. auch das Österreich. bürgerl. Gesetzbuch, der Code civil, das Badische Landrecht, das Sächsische BGB. usw.

91) Über Zuwendung und Einigung als Voraussetzungen einer Schenkung nach BGB. vgl. die Ausführungen in § 2 dieser Schrift.

Wie soll man nun die Tatsache, daß nach §§ 1922, 1942 bezw. 2176 BGB. Erbschaft und Vermächtnis bereits mit dem Tode des Erblassers in das Vermögen des Erben bezw. Vermächtnisnehmers übergegangen sind, mit der Schlußvorschrift des § 517 BGB. zusammenreimen? Man wird jedenfalls versuchen müssen, nachzuweisen, daß eine Schenkungszuwendung im Sinne des § 516 Abs. I BGB. d. h. eine einen anderen bereichernde Zuwendung aus dem Vermögen des Ausschlagenden im Falle einer Erbschafts- oder Vermächtnisausschlagung trotz des ipso-jure-Erwerbes der Erbschaft bezw. des Vermächtnisses im Augenblick des Erbfalles nach BGB. gleichwohl nicht gegeben ist.

A. Diesen Nachweis hat man bisher stets damit zu erbringen getrachtet, daß man gesagt hat, es fehle der Erbschafts- bezw. der Vermächtnisausschlagung zwar nicht das Erfordernis der bereichernden Zuwendung an sich, wohl aber das der Zuwendung „aus dem Vermögen". Warum indessen die Ausschlagung einer Erbschaft oder eines Vermächtnisses zugunsten eines anderen keine Zuwendung „aus dem Vermögen" sei, hat man bisher wiederum auf zwei Wegen darzutun versucht:

1. die einen an Hand der Motive zum I. Entwurf des BGB. damit, daß sie in dem mit dem Tode des Erblassers von Rechts wegen erfolgten Erwerb der Erbschaft bezw. des Vermächtnisses nur einen vorläufigen, noch nicht endgültigen Erwerb erblickten;

2. die anderen dagegen damit, daß sie sich — ohne auf die Frage der Endgültigkeit des von Rechts wegen erfolgten Erbschafts- bezw. Vermächtniserwerbs einzugehen — lediglich auf die Bestimmung der §§ 1953 Abs. I, II und 2180 Abs. III BGB. beriefen, wonach die Ausschlagung einer Erbschaft oder eines Vermächtnisses derart rückwirkende Kraft hat, daß die Erbschaft bezw. das Vermächtnis als dem Ausschlagenden niemals angefallen zu gelten hat.

Über beide Rechtfertigungen der Schlußvorschrift des § 517 BGB. ist folgendes zu sagen:

I. Die erste Gruppe jener Juristen, welche das Fehlen des Erfordernisses der „Zuwendung aus dem Vermögen" dartun wollen, ging — wie erwähnt — von den Motiven des I. Entwurfes aus.

Die Motive betonen in ihren Ausführungen zum V. Buche des I. Entwurfes immer wieder[92]), daß der unmittelbare Erbschafts- bezw. Vermächtniserwerb kraft Gesetzes, der im I. Entwurf prinzipiell anerkannt ist, nur ein vorläufiger, aber kein endgültiger sei. Übereinstimmend damit haben die Motive bereits im IV. Band[93]) auf Seite 243 diese Auffassung dahin erläutert, daß sie sagen, der Erwerb der Erbschaft oder des Vermächtnisses kraft Gesetzes habe, solange das Recht der Ausschlagung noch nicht weggefallen sei, nur eine formelle, aber keine materielle Bedeutung.

Mit dieser Abschwächung des unmittelbaren, ipso jure erfolgenden Erbschafts- bezw. Vermächtniserwerbs zugunsten des erst nach vollzogener Annahme oder nach Versäumung der Ausschlagungsfrist eintretenden Erbschafts- bezw. Vermächtniserwerbs war in der Tat ein bequemer Weg gefunden, um nachzuweisen, daß die Ausschlagung einer kraft Gesetzes bereits erworbenen Erbschaft oder eines kraft Gesetzes bereits erworbenen Vermächtnisses gleichwohl keine Veräußerung eines Bestandteils „aus dem Vermögen" des Ausschlagenden sei, da materiell nach den Ausführungen der Motive eine solche Veräußerung nicht vorliegt. Die Motive des I. Entwurfs haben denn auch nicht gesäumt, aus ihrer vorstehend dargelegten Auffassung des gesetzlichen Erbschafts- und Vermächtniserwerbs die Nutzanwendung zu ziehen und eine Reihe von Gesetzesbestimmungen, darunter insbesonders die Schlußvorschrift des § 439 I. Entwurfes (des jetzigen § 517 BGB.) aus der nur rein formellen Natur des gesetzlichen Erbschafts- und Vermächtniserwerbs zu erklären und der Erbschafts- bezw. Vermächtnisausschlagung den Charakter einer Zuwendung aus dem Vermögen im materiellen Sinne abzusprechen. In einem Verzicht auf die im Augenblick des Erbfalls ipso jure erworbene Erbschaft bezw. auf das im Augenblick des Erbfalls ipso jure erworbene Vermächtnis „erblickt der Entwurf jedenfalls hier materiell keine Veräußerung" heißt es kurz und bündig in den Motiven zu § 439 Bd. II S. 291.

92) Vgl. Motive Bd. V, Bem. zu den §§ 1865—1867, 2025, 2028, 2029 usw. des I. Entwurfes.

93) Motive Bd. IV, Bem. zu § 1308 des I. Entwurfes.

Auf dieser Darstellung des nur vorläufigen, nicht aber endgültigen — weil nur formellen, nicht aber materiellen — Erbschafts- bezw. Vermächtniserwerbs hat dann zum Zwecke der Rechtfertigung der Schlußvorschrift des § 517 BGB. die Mehrzahl aller Gesetzeserklärer wie Staudinger, Crome, Hellwig, Endemann, Müller-Meikel und viele andere, weitergebaut. Auch das Reichsgericht hat sich der Auffassung der Motive in dieser Frage angeschlossen. Sie alle kommen so, von der Annahme ausgehend, daß die Erbschaft und das Vermächtnis gemäß §§ 1922, 1942, 2176 BGB. nur provisorisch, aber nicht endgültig erworben werden, zu dem Ergebnis, daß demnach auch die Ausschlagung einer Erbschaft oder eines Vermächtnisses nur ein Verzicht auf ein angefallenes, aber noch nicht endgültig erworbenes Recht sei, welcher Verzicht ja in den Anfangsbestimmungen des § 517 BGB. begründeterweise[94]) als Nicht-Schenkungsakt ausdrücklich erklärt ist.

So sagt beispielsweise Staudinger[95]): Im Falle der Erbschafts- und Vermächtnisausschlagung „käme freilich in Betracht, daß nach dem Systeme des BGB. Erbschaft und Vermächtnis vom hierzu Berechtigten sofort mit dem Tode des Erblassers rechtlich von selbst erworben werden. Immerhin ist der Erwerb insofern noch kein endgültiger, als er noch ausgeschlagen werden kann."

Crome[96]) ferner führt die Erbschafts- und die Vermächtnisausschlagung kurzweg unter der Bezeichnung „Ausschlagung angefallener, aber noch nicht endgültig erworbener Rechte" auf.

Von einem „durchaus eigenartig gestalteten" Erwerb der Erbschaft im BGB. spricht Hellwig[96a]). Nach ihm wird im heu-

94) Vgl. die Ausführungen auf S. 32 f. in § 3 dieser Schrift.

95) Staudinger a. a. O., Bd. II, 1. Teil, Erl. zu § 517, S. 628.

96) Crome a. a. O., Bd. II, § 230, S. 506.

96a) Hellwig, Lehrbuch des deutschen Zivilprozeßrechts, Leipzig 1903, Bd. I, § 44, S. 296—299, insbes. s. auch Note 7 und 8 auf S. 296.

In Note 6 a. a. O. nimmt Hellwig auch zu der Frage Stellung, ob der Erbschaftserwerb nach BGB. ein resolutiv bedingter sei. Hellwig verneint dies. Jedoch wenn man, was in dieser Schrift abgelehnt wird, sich nun einmal auf den Standpunkt der Motive stellt und den Erbschaftserwerb nach BGB. als nur vorläufig und noch nicht endgültig annimmt, dann kann man zur Begründung dieser Annahme den Erbschaftserwerb des BGB. mit Binder (Rechtsstellung des Erben, S. 73) nur als einen resolutiv bedingten auffassen.

tigen Recht, trotzdem die Erbschaft zwar ohne weiteres erworben wird, die Erbschaftsannahme „nicht nur so behandelt, als wäre sie die Perfektion eines erst angetragenen Erwerbs", sondern es stellt nach ihm auch „der noch nicht endgültige Erwerb der Erbschaft keine solche Verbindung zwischen den beiden Vermögen her, daß der Nachlaß in jeder Beziehung als Vermögen des Erben zu gelten hat". Hellwig zieht aus dem allem den Schluß, daß im heutigen Recht der Nachlaß „zunächst ein selbständiges Sondervermögen des Erben" sei, das „bis zur Annahme zunächst noch als ein fremdes Vermögen" zu behandeln sei. Der Erbe ist nach Hellwig hinsichtlich des Nachlasses nur provisorischer Erbe; der Nachlaß selbst ist noch nicht endgültig erworben. Mit dem „erst angetragenen, noch nicht endgültigen" Erwerb der Erbschaft (und des Vermächtnisses, s. Note 7 S. 296) erklärt Hellwig schließlich insbesonders auch die Vorschrift des § 517 BGB. über die Ausschlagung der Erbschaft bezw. des Vermächtnisses.

Wie die Genannten äußert sich auch Endemann[97]) über die Erbschafts- bezw. Vermächtnisausschlagung mit den Worten: „Schenkungen sind nicht: .... der Verzicht auf ein angefallenes, aber noch nicht erworbenes Recht, wohin vor allem die Ausschlagung einer Erbschaft oder eines Vermächtnisses gerechnet werden muß (trotz §§ 1942 Abs. I, 1944 Abs. I)."

Im engsten Anschluß an Staudinger erklären sodann Müller und Meikel[98]): „Wenn auch Erbschaft und Vermächtnis mit dem Tode des Erblassers von dem Berechtigten ohne weiteres erworben werden, so ist der Erwerb dennoch insolange kein endgültiger, als er noch ausgeschlagen werden kann."

---

97) Endemann a. a. O., Bd. I, S. 740 Note 12 zu § 164.

Daraus, daß Endemann sich hier der Auffassung der Motive fügt und gleich diesen in der Erbschafts- bezw. Vermächtnisausschlagung die Aufgabe von nur vorläufigen Rechten sieht, darf nicht gefolgert werden, daß Endemann diese Auffassung auch billige. Er bekämpft vielmehr — wie weiter unten gezeigt werden wird — in Bd. III a. a. O. die Einschränkung des Anfallsprinzips durch die „allzustarke Betonung" der Annahme- und Ausschlagungsmöglichkeit aufs lebhafteste.

98) Müller und Meikel a. a. O., Bd. I, S. 420, § 120 Ziff. 3.

Sachlich mit allen Genannten übereinstimmend besagt endlich das Reichsgericht[99]): „Auch diese Vorschriften (§§ 517, 1406 Ziff. 1 und 1453 BGB.) beruhen auf dem Gedanken, daß vor der Annahme ein endgültiger Erwerb noch nicht vorliegt.“

Gegen die auf solche Weise versuchte Rechtfertigung der Schlußvorschrift des § 517 BGB. sprechen aber trotz ihrer weiten Verbreitung gewichtige, teils doktrinäre, teils tatsächliche Bedenken.

Denn man kann einerseits nicht verkennen, daß diese Lösung des Problems, welche die Erbschafts- und Vermächtnisausschlagung als einen Verzicht auf ein angefallenes, aber noch nicht endgültig erworbenes Recht behandelt, doch der Ausschlagung eine allzu große Bedeutung auf Kosten des von Rechts wegen erfolgenden Erbschafts- bezw. Vermächtniserwerbs einräumt.

Die Verurteilung dieser Tatsache hat sich allerdings weniger dagegen[100]) zu wenden, daß man die Schlußbestimmung des § 517 BGB. aus der nur vorläufigen Natur des Erbschafts- und Vermächtniserwerbs erklären will, als vielmehr dagegen, daß man in den Motiven überhaupt dazu geschritten ist, den auf Grund der §§ 1922, 1942 und 2176 BGB. ipso jure eintretenden Erbschafts- bezw. Vermächtniserwerb einfach deswegen, weil trotz des Erwerbs noch eine Ausschlagung möglich ist, für nur vorläufig und nur formell

---

99) Entscheidungen, Bd. 54 S. 289 ff., hier S. 293.

Ebenda S. 292, vgl. auch: „Als System des Gesetzes erscheint, daß nach dem Tode des Erblassers zunächst nur ein vorläufiger Erwerb der Erbschaft stattfindet, und daß erst die wirkliche oder fingierte Annahme ihm endgültige Bedeutung verleiht“.

100) In der Tat, nicht die Ausführungen der oben zitierten Entscheidung des Reichsgerichts, nicht die Darstellungen von Staudinger, Crome, Endemann usw. bezüglich des § 517 BGB. sollen hier bekämpft werden, sondern einzig und allein das System des BGB., welches das Reichsgericht und die genannten Kommentatoren gezwungen hat, in der oben geschilderten Weise (vgl. namentlich Note 99 dieser Schrift!) einen Ausgleich zwischen den beiden schwer zu vereinbarenden Tatsachen herzustellen, daß in unserm heutigen Erbrecht nicht nur das Anfallsprinzip, sondern gleichzeitig auch das mehr oder minder diametral entgegengesetzte Prinzip der Ausschlagung und der Annahme der Erbschaft (bezw. des Vermächtnisses) anerkannt ist. Verfasser dieser Schrift teilt diesbezüglich die Bedenken von Randa und Endemann.

erfolgend aufzufassen. In dieser zu weitgehenden Bewertung der Ausschlagungsmöglichkeit und in der ziemlich unlogischen Einführung einer „Annahme" der Erbschaft bezw. des Vermächtnisses (Erbschaften oder Vermächtnisse, die bereits mit dem Tode des Erblassers erworben worden sind, brauchen doch nicht noch einmal angenommen zu werden!) liegt zweifellos ein gewisses Fallenlassen des vom BGB. wieder aufgegriffenen germanischen Rechtssatzes „Der Tote erbt den Lebendigen".

Man kann sogar sagen, daß diese von den Motiven bekundete Überschätzung der Bedeutung der Ausschlagung, wonach der von Rechts wegen erfolgte Erbschafts- bezw. Vermächtniserwerb nur provisorisch erfolgt sein soll, das Anfallsprinzip der §§ 1922, 1942 und 2176 BGB., **wonach Anfall und Erwerb der Erbschaft oder** des Vermächtnisses ein und dasselbe sein sollen, nahezu aufhebt.

Es ist in dieser Hinsicht bezeichnend, daß die Motive[101]) selbst schon der Befürchtung begegneten, es werde „auch bei dem Erwerbe kraft des Gesetzes durch die Möglichkeit, die Erbschaft auszuschlagen, die Antretung auf einem Umwege eingeführt und das sei unnatürlich. . . . ."

Man kann nicht sagen, daß sich die Motive gegen diese Angriffe glücklich verteidigt haben.

Auch v. Jacubezky[102]), der zwar den vom I. Entwurf eingenommenen Standpunkt billigt, hat darauf hingewiesen, daß „der unmittelbare (von Rechts wegen eintretende) Erwerb mit unbeschränkter Zulassung der Ausschlagung in der Wirkung, von unwesentlichen Abweichungen abgesehen, dem Erwerb durch Annahme . . . . . gleichkomme."

---

101) Motive Bd. V, S. 487. Die Motive wenden sich hier gegen Randa, Erbschaftserwerb S. 15. Nach dem in den „Verhandlungen des dreizehnten deutschen Juristentages" enthaltenen revidierten Abdruck der Randa'schen Schrift lautet die betreffende Stelle im Wortlaut auf S. 201 wie folgt: „Zwar wird der Grundsatz: kein Erbschaftserwerb ohne den Willen des Berufenen auch hier (d. h. bei der Erbfolge von Rechts wegen) indirekt durch die zugleich gebotene Möglichkeit, die Erbschaft auszuschlagen, wieder zur Geltung gebracht. — Indes gerade die Wiedereinführung jenes Grundsatzes auf einem Umwege beweist die Unnatürlichkeit des entgegengesetzten Prinzips".

102) v. Jacubezky, Bemerkungen zu dem Entwurfe eines BGB., München 1892, S. 327.

In neuerer Zeit hat auch Endemann[103]) sich dahin ausgesprochen, daß der Anfall „in seiner rechtlichen Wirkung durch das Recht der Ausschlagung inhaltlich beschränkt" werde, daß „die Ausschlagung den Anfall selbst, wie wenn er nicht geschehen wäre, mit rückwirkender Kraft aufhebe", ferner daß „unter Verleugnung des prinzipiellen Standpunkts die Ausschlagung wie die Ablehnung einer bloß angebotenen Erbschaft behandelt" und „das Ausschlagungsrecht allzu stark betont" werde.

Es ist in dieser Schrift nicht der Raum, auf die Unstimmigkeiten noch weiter einzugehen, die sich aus dem Anfallsprinzip der §§ 1922, 1942 und 2176 BGB. einerseits und der Einführung der Ausschlagung und der Annahme andrerseits ergeben haben. Jedenfalls aber wird man, die obigen Einzelausführungen zusammenfassend, zu dem Schlusse kommen dürfen, daß die Rechtfertigung der Schlußvorschrift des § 517 BGB. des Inhalts: Die Ausschlagung einer Erbschaft oder eines Vermächtnisses sei ein Verzicht auf ein angefallenes, noch nicht endgültig erworbenes Recht, weil der Erbschafts- bezw. Vermächtniserwerb im BGB. nur ein vorläufiger, kein endgültiger sei, keine glückliche Lösung des Problems darstellt, da sie auf einer die Ausschlagungsmöglichkeit allzu sehr überschätzenden Rechtsanschauung basiert, die von den Motiven zwar sanktioniert, im Hinblick auf das vom BGB. als leitendes Prinzip erkorene Anfallsprinzip aber zu verwerfen ist[104]).

103) Endemann a. a. O., Bd. III, § 78, S. 342 und 343, insbes. auch Note 22.

104) Daß der seinerzeit von den Motiven aufgestellte Satz, der Erwerb der Erbschaft und des Vermächtnisses im BGB. sei nur ein vorläufiger, aber kein endgültiger Erwerb, heute nicht nur theoretisch zu verwerfen, sondern auch praktisch entbehrlich ist, wird bezüglich des § 517 BGB. unter Zuhilfenahme der Fiktion der §§ 1953 Abs. I, II und 2180 Abs. III BGB. weiter unten dargetan werden. Aus den gleichen §§ 1953 und 2180 BGB. lassen sich aber — wie beispielsweise Planck (in seinen Erläuterungen zu den §§ 1406 Ziff. 1 und 1453 wenigstens) und die Motive zur Konkursordnungsnovelle vom Jahre 1898 dies im Gegensatz zum Reichsgericht bereits getan haben — auch die beiden anderen, von den Motiven des BGB. mit obigem Satze begründeten Gesetzesbestimmungen, nämlich die §§ 1406 Ziff. 1 und 1453 BGB. mühelos rechtfertigen, ohne daß es nötig wäre, auf die Ausführungen der Motive des BGB. auch nur mit einem Worte zurückzugreifen.

Die bisher besprochenen, gegen die These, daß die Erbschafts- bezw. Vermächtnisausschlagung ein Verzicht auf ein angefallenes, aber noch nicht endgültig erworbenes Recht sei, geltend gemachten doktrinären Bedenken wären an sich indessen noch keineswegs hinreichend, um diese Art von Rechtfertigung der Schlußvorschrift des § 517 BGB. nicht gutheißen zu können. Zu den rein theoretischen Bedenken, welche aus dem wichtigsten und obersten erbrechtlichen Grundsatze des BGB. „Mit dem Tode des Erblassers geht die Erbschaft (bezw. das Vermächtnis) auf den Erben (bezw. den Vermächtnisnehmer) über" hergeleitet wurden, tritt aber noch ein tatsächlicher Einwand hinzu, welcher gleichfalls gegen die Auffassung der Erbschafts- bezw. Vermächtnisausschlagung als eines Verzichtes auf ein angefallenes, noch nicht endgültig erworbenes Recht spricht.

Denn diejenigen, welche sagen: „Eine Erbschafts- oder Vermächtnisausschlagung zum Vorteil eines anderen ist deswegen kein Schenkungsakt, weil die Erbschaft und das Vermächtnis kraft Gesetzes bis zur ausdrücklichen Annahme oder bis zur Versäumung der Ausschlagungsfrist nur vorläufig angefallen, nicht aber endgültig erworben, mithin noch nicht in das Vermögen des Erben bezw. Vermächtnisnehmers übergegangen sind", übersehen bei dieser Erklärung vollständig einen entgegenstehenden Umstand, der sich aus der Fassung des § 517 BGB. selbst ergibt.

Der § 517 macht nämlich ausdrücklich einen Unterschied zwischen dem „Verzicht auf angefallene, noch nicht endgültig erworbene Rechte" einerseits und dem „Ausschlagen einer Erbschaft bezw. eines Vermächtnisses" andrerseits. Er stellt zwischen beide Rechtshandlungen das trennende Wörtchen „oder" und gibt dadurch deutlich zu verstehen, daß er ein begriffliches Zusammenfallen beider nicht anerkennt.

Im I. Entwurfe des BGB. freilich lag die Sache ganz anders[105]). Da hieß es im Abs. II des § 439: „Eine Vermögensverminderung liegt nicht vor, wenn auf ein angefallenes, jedoch noch nicht erworbenes Vermögensrecht verzichtet .... wird" und im Abs. III

---

105) Entwurf eines bürgerlichen Gesetzbuches für das Deutsche Reich. Amtliche Ausgabe, S. 96.

des gleichen Paragraphen: „Als Verzicht auf ein angefallenes, jedoch noch nicht erworbenes Recht gilt die Ausschlagung einer Erbschaft oder eines Vermächtnisses."

Würde dieser — damals also ausdrücklich im Gesetze ausgesprochene — Satz jetzt noch vom (heutigen) BGB. vertreten werden, dann hätten die Redaktoren des heutigen § 517 die Erbschafts- und Vermächtnisausschlagung sicher nicht alternativ neben den Verzicht auf ein angefallenes, noch nicht endgültig erworbenes Recht gestellt, sondern durch die Einschiebung des subordinierenden Verbindungswortes „insbesonders" den § 517 BGB. etwa so gestaltet: „Eine Schenkung liegt nicht vor, wenn jemand zum Vorteil eines anderen .... auf ein angefallenes, noch nicht endgültig erworbenes Recht verzichtet, insbesonders eine Erbschaft oder ein Vermächtnis ausschlägt."

Nachdem aber der § 517 BGB. die Erbschafts- und Vermächtnisausschlagung nicht in dieser Weise unter den angeblich größeren Begriff des Verzichts auf angefallene, noch nicht endgültig erworbene Rechte subsumiert, sondern in direktem Gegensatz zum I. Entwurfe des BGB. als selbständige Handlung neben die übrigen Handlungen des Paragraphen gestellt hat[105a]), ist klar erwiesen, daß es für das heutige BGB. irrig ist, auf dem Boden der Motive zum I. Entwurfe des BGB. stehen zu bleiben und das Nichtvorliegen einer Schenkung im Falle der Erbschafts- bezw. Vermächtnisausschlagung nach dem Beispiel dieser Motive mit dem Hinweis begründen zu wollen, daß auch der Erbschafts- und Vermächtniserwerb nach dem BGB. nur ein vorläufig angefallener, nicht aber endgültiger Erwerb eines Rechtes sei. Auf diesem Wege kann vielmehr im Hinblick auf die Fassung der Schlußvorschrift des § 517 BGB. nicht nachgewiesen werden, daß die Ausschlagung einer Erbschaft oder eines Vermächtnisses zum Vorteil eines anderen keine Zuwendung „aus dem Vermögen" des Ausschlagenden sei.

105a) Vgl. auch Ladenberger, Zur Steuerpflicht der Schenkungen unter Lebenden nach dem Reichserbschaftssteuergesetze vom 3. Juni 1906, in den Blättern für das bayer. Finanzwesen, Jahrgang 1909, S. 34 f., wo gleichfalls gesagt wird: „ . . . . . § 517 BGB. rechnet zu den angefallenen, aber noch nicht endgültig erworbenen Rechten nicht die Erbschaft".

II. Es ist daher sehr zu begrüßen, daß Oertmann, Planck, Enneccerus und sonstige mehr, ebenso die Motive zur Konkursordnungsnovelle vom Jahre 1898, die Schlußvorschrift des § 517 BGB. mit anderen Gründen zu rechtfertigen suchen als dies in vorstehendem geschehen ist. Diese Gruppe von Erklärern geht zwar auch — wie bereits erwähnt — davon aus, daß eine Zuwendung „aus dem Vermögen des Ausschlagenden" bei der Erbschafts- bezw. Vermächtnisausschlagung zum Vorteil eines anderen nicht vorliege, leitet aber den Mangel dieses Schenkungserfordernisses lediglich aus der rückwirkenden Kraft der gesetzlichen Vorschriften in § 1953 Absatz I, II und § 2180 Abs. III BGB. her, ohne auf die Frage der Endgültigkeit des mit dem Anfall erfolgten Erbschafts- bezw. Vermächtniserwerbs an dieser Stelle einzugehen.

So sagt z. B. Oertmann[106]), nachdem er die übrigen Tatbestände des § 517 BGB. besprochen: „Selbst die Ausschlagung einer Erbschaft oder eines Vermächtnisses soll, trotzdem sie von dem Berechtigten nach den Grundsätzen des BGB. bereits ohne weiteres erworben sind (nach § 517), keine Schenkung begründen .... Übrigens stimmt die Behandlung dieses Falles im BGB. zur rückwirkenden Kraft der Ausschlagung (§§ 1953, 2180)".

Auch Enneccerus[107]) behandelt zunächst die Ausschlagung eines noch nicht oder noch nicht endgültig gemachten Erwerbs, um dann gleich Oertmann fortzufahren: „Selbst nicht die Ausschlagung einer Erbschaft oder eines Vermächtnisses (ist ein Schenkungsakt); denn beide gelten, wenn sie ausgeschlagen werden, als überhaupt nicht erworben (§ 517)".

Ebenso erklärt auch Planck[108]): Die Ausschlagung einer Erbschaft oder eines Vermächtnisses ist in § 517 „besonders erwähnt, weil die Erbschaft auf den berufenen Erben kraft Gesetzes über-

---

106) Oertmann a. a. O., § 517, S. 447.

107) Enneccerus, Lehrbuch des Bürgerlichen Rechtes, Bd. I, § 343, S. 878.

108) Planck a. a. O., Bd. II, § 517, S. 427. Planck hat übrigens seine obige, lediglich aus §§ 1953 Abs. I, II und 2180 Abs. III BGB. hergeleitete Rechtfertigung der Schlußvorschrift des § 517 leider nicht konsequent durchgeführt: vgl. Erl. II Ziff. 3 seiner Vorbem. zu §§ 1942 ff.

geht und die durch das Vermächtnis begründete Forderung des Vermächtnisnehmers kraft Gesetzes zur Entstehung kommt, beides unbeschadet des Rechtes zur Ausschlagung (§§ 1942, 2176). Eine Zuwendung aus dem Vermögen des Ausschlagenden tritt jedoch nach § 1953 Abs. I, II, § 2180 Abs. III durch die Ausschlagung nicht ein (vgl. RG. 54 S. 293)[109]. . . . ."

Die Motive zur Konkursordnungsnovelle vom Jahre 1898[110]) endlich führen aus: „Die gleiche Auffassung (nämlich daß „nach § 1953 Abs. I, II und § 2180 Abs. III des BGB. die Ausschlagung die Wirkung hat, daß der Anfall an den Ausschlagenden als nicht erfolgt gilt") liegt schon einer Reihe einzelner Vorschriften des BGB. (§§ 517, 1406 Nr. 1, 1453 Abs. I Satz 1) zugrunde."

Diese zweite Art, die Schlußvorschrift des § 517 BGB. zu rechtfertigen, darf im Gegensatz zu der oben behandelten ersten Art als eine zweifellos glückliche bezeichnet werden, da sie nicht nur tatsächlich durchaus befriedigt, sondern auch dem Anfallsprinzip der §§ 1922, 1942 und 2176 BGB. zugunsten der Ausschlagungsmöglichkeit keinen Abbruch tut.

§ 1953 Abs. I, II BGB. bestimmt ganz einfach, daß dann, wenn die Erbschaft ausgeschlagen ist, dieselbe so behandelt werden solle, als sei sie niemals demjenigen angefallen, welcher sie soeben ausgeschlagen hat, sondern bereits mit dem Tode des Erblassers demjenigen, welcher nunmehr nach geschehener Ausschlagung an Stelle des bisherigen Erbberechtigten Erbe geworden ist. Die gleiche Vermutung läßt der § 2180 Abs. III BGB. hinsichtlich des ausgeschlagenen Vermächtnisses Platz greifen.

Nach dieser doppelten Fiktion hat also der ausschlagende Erbe bezw. der ausschlagende Vermächtnisnehmer die Erbschaft bezw.

109) Es ist richtig, daß die mehrfach erwähnte Reichsgerichtsentscheidung auf § 292 auch des § 1953 BGB. gedenkt, aber nicht zu dem Zweck, um — wie Planck u. a. — damit die Schlußvorschrift des § 517 rechtlich zu begründen. Die Entscheidung stützt vielmehr (auf S. 293 unten) den § 517 lediglich darauf, daß „vor der Annahme ein endgültiger Erwerb noch nicht vorliege", so daß die Ausschlagung einer Erbschaft oder eines Vermächtnisses ein Verzicht auf ein nur vorläufig erworbenes, rein formelles Recht sei.

110) Entwurf eines Gesetzes betreffend Änderungen der Konkursordnung; siehe Amtliche Begründung hierzu, insbes. zu § 7 a Satz 1 des Entwurfes.

das Vermächtnis niemals als Bestandteil seines Vermögens besessen, denn der Erwerb hat ja in der Person des Ausschlagenden niemals stattgefunden: von einer Zuwendung „aus dem Vermögen des Ausschlagenden“ kann also gemäß §§ 1953 Abs. I, II, 2180 Abs. III BGB. von dem Augenblick der Ausschlagung ab keine Rede mehr sein.

Mit der rückwirkenden Kraft der Fiktion in §§ 1953 und 2180 läßt sich sonach in der Tat der Schlußsatz des § 517 BGB. „Erbschafts- bezw. Vermächtnisausschlagung zum Vorteil eines anderen ist kein Schenkungsakt“ zwanglos begründen.

B. Gleichwohl mag an dieser Stelle noch eine weitere bisher nicht vertretene rechtliche Begründung des Schlußsatzes des § 517 BGB. versucht werden. Die bisherigen Rechtfertigungen der Schlußbestimmung des § 517 BGB. gingen — wie gezeigt — alle davon aus, daß sie sagten, es fehle bei der Ausschlagung einer Erbschaft oder eines Vermächtnisses zum Vorliegen eines (äußeren) Schenkungsaktes nach § 516 Abs. I BGB. an dem Schenkungserfordernis der Zuwendung „aus dem Vermögen“. Daß dies gemäß § 1953 und § 2180 BGB. richtig ist, wurde bereits dargetan. Über die bisherigen Rechtfertigungen der Schlußvorschrift des § 517 BGB. hinausgehend, darf aber auch behauptet werden, daß es bei der Erbschafts- und Vermächtnisausschlagung zum Vorliegen eines (äußeren) Schenkungsaktes nicht nur an der Voraussetzung einer Zuwendung „aus dem Vermögen“, sondern auch an der Voraussetzung einer „Zuwendung“ überhaupt fehlt.

Der Begriff der Zuwendung wurde oben[111]) definiert als „jede von dem Zuwendenden bewirkte rechtliche Hingabe eines materiellen (oder immateriellen) Gutes zum Besten eines anderen an diesen anderen“.

Diese Hingabe eines Gutes, die zum Vorliegen eines Schenkungsaktes schlechthin notwendig ist, kann — wie oben[112]) mit Oertmann und Windscheid weiter festgestellt wurde —

111) Vgl. die Ausführungen auf S. 14 in § 2 dieser Schrift.

112) Vgl. die Ausführungen auf S. 21 in § 2 dieser Schrift.

auf alle möglichen Arten, direkt und indirekt, an den anderen erfolgen; insbesonders kann das Zugewendete auch „durch Inbewegungsetzung von Mittelgliedern" vom Schenker an den Beschenkten gelangen.

Die Formlosigkeit, die somit der, zu jeder Schenkung unumgänglich notwendigen, Zuwendung in obiger Definition eingeräumt wurde, kann aber nun und nimmer soweit gehen, daß man auch die Ausschlagung einer Erbschaft oder eines Vermächtnisses als eine „Hingabe" im Sinne der Definition bezeichnen darf.

Denn was tut der Ausschlagende rechtlich? Er läßt dadurch, daß er auf sein eigenes Erbrecht oder Vermächtnisrecht verzichtet, zu, daß das Gesetz automatisch sich selbst in Bewegung setzt und das derelinquierte Recht des bisherigen Inhabers dem nächstberechtigten Erben oder Vermächtnisnehmer zuweist. Auf dieses Tätigwerden des Gesetzes hat der Ausschlagende nicht den geringsten positiven Einfluß: von einem direkten Hinübergeben der Erbschaft oder des Vermächtnisses an den Nächstberechtigten durch den Ausschlagenden oder von einem Inbewegungsetzen von Mittelgliedern durch den Ausschlagenden ist keine Rede: der durch den Verzicht des Ausschlagenden gewolltermaßen oder nicht gewolltermaßen bereicherte Dritte, d. h. Nächstberechtigte, überkommt die Erbschaft oder das Vermächtnis kraft eigenen, gesetzlichen Rechtes, nicht durch irgend eine Handlung des ausschlagenden bisherigen Berechtigten.

Da somit in der Erbschafts- bezw. Vermächtnisausschlagung eine Hingabe eines Vermögensgutes nicht einmal durch das Inbewegungsetzen von Mittelgliedern, geschweige denn durch unmittelbare Verschiebung[113]) von Gütern aus dem einen Vermögen in das andere enthalten ist, entfällt für die Erbschafts- bezw. Vermächtnisausschlagung der Begriff der Zuwendung überhaupt.

Auch aus diesem Grunde liegt daher eine Schenkung nicht vor, wenn jemand zum Vorteil eines anderen eine Erbschaft oder ein Vermächtnis ausschlägt.

113) Vgl. Protokolle Bd. II, S. 9, Abs. 3.

§ 6.

Schlußwort.

Aus den vorstehenden Darlegungen ergibt sich somit als Schlußergebnis die Tatsache, daß die Worte des § 517 BGB.: „Eine Schenkung liegt nicht vor, wenn jemand zum Vorteil eines anderen eine Erbschaft oder ein Vermächtnis ausschlägt" nicht nur praktisch und historisch, sondern auch juristisch-theoretisch gerechtfertigt sind.

Vorstehende Schrift konnte allerdings nur eines der beiden Argumente, mit denen man bisher die innere Richtigkeit der Schlußbestimmung des § 517 BGB. nachwies, voll und ganz billigen, nämlich die rechtliche Begründung der Schlußvorschrift des § 517 BGB. aus §§ 1953 Abs. I und II und 2180 Abs. III BGB. Den anderen Weg der bisherigen Rechtfertigung des Schlußsatzes des § 517 BGB. glaubte vorliegende Schrift ablehnen zu dürfen; dafür ist eine neue Rechtfertigung der Schlußbestimmung des § 517 BGB. versucht worden.

Mit der Feststellung der Tatsache, daß die zum Vorteil eines anderen erfolgende Ausschlagung einer Erbschaft oder eines Vermächtnisses kein Schenkungsakt ist, ist im übrigen die Aufgabe dieser Schrift, die sich eine prinzipielle Darstellung und Abgrenzung der Schenkung des BGB. einerseits und der Erbschafts- bezw. Vermächtnisausschlagung des BGB. andrerseits zum Ziel gesetzt hatte, beendet.

Register.

Verlag U. E. Sebald, Nürnberg und Leipzig